Bärbel Dahms & Michael Zapf

HAMBURGS SPEICHERSTADT

Kaufmannsträume hinter Backsteinmauern

Medien-Verlag Schubert

Inhalt

Hamburg und der Freihafen
Der alte Hamburger Binnenhafen 14
Vom Freihandelsgebiet zum Freihafen 16
Die Planung der Speicherstadt 18

Der Bau der Speicherstadt
Hamburger Freihafen-Lagerhaus-Gesellschaft 22
Kriegszerstörungen und Wiederaufbau 24
Die Verwaltung im „Rathaus" 26

Schuten und Peekhaken
Vom Ewerführer zum Barkassenbetreiber 44
Kesselhaus und Maschinenzentralstation 48

Quartiersleute & Consorten
Vom Böttcher zum Quartiersmann 52
Vom Quartiersmann zum Seegüterkontrolleur 55

Im Herzen des Kaffeehandels
Vom Container in die Tasse 60
Kaffeeagenten und -makler 63

Schönheiten aus 1001 Nacht
Orientteppiche aus Hamburg 68
Moderner Orientteppichhandel 68

Neues in alten Speichern
HafenCity und Zukunft der Speicherstadt 74
Eine Werbeagentur setzt Zeichen 78

Kultur auf allen Böden

Museen	82
Spicy's Gewürzmuseum	84
Afghanisches Museum	84
Deutsches Zollmuseum	84

Ausstellungen

HafenCity InfoCenter	85
Miniatur Wunderland Hamburg	85
Hamburg Dungeon	85
Dialog im Dunkeln	85

Veranstaltungen

Der Hamburger Jedermann	86
Die Illumination	86
Kaffeeverkostungen, Teedegustationen	86

Literaturhinweise	95
Danksagung	95
Die Autorin	95
Der Fotograf	95
Impressum	95
Unser Verlagsprogramm	96

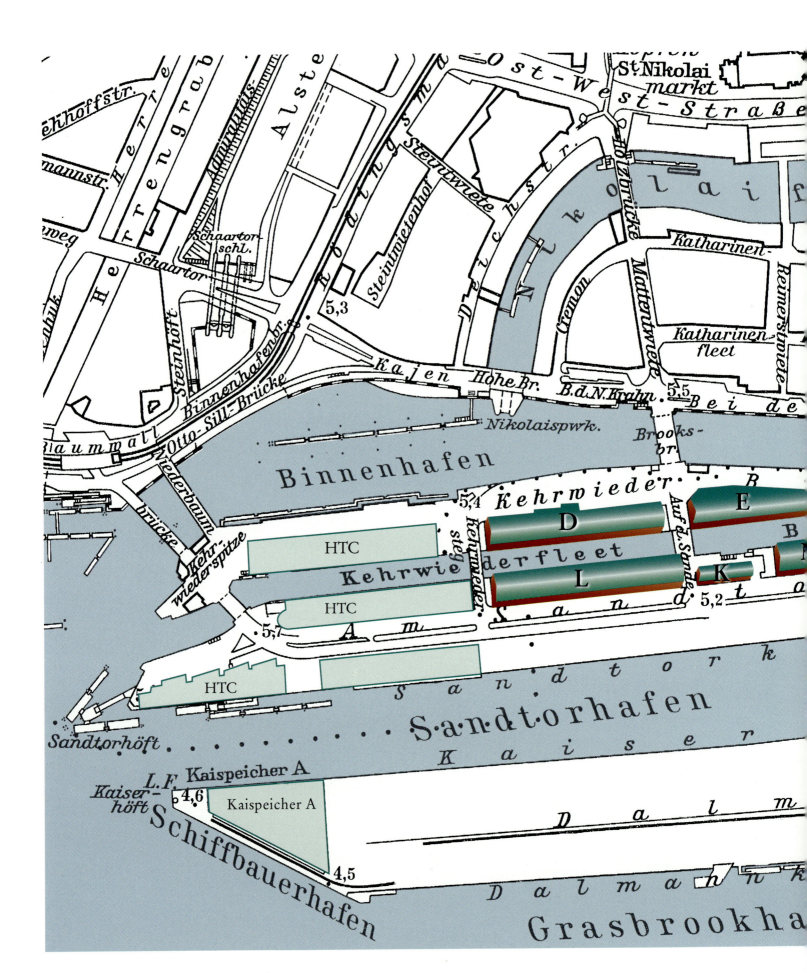

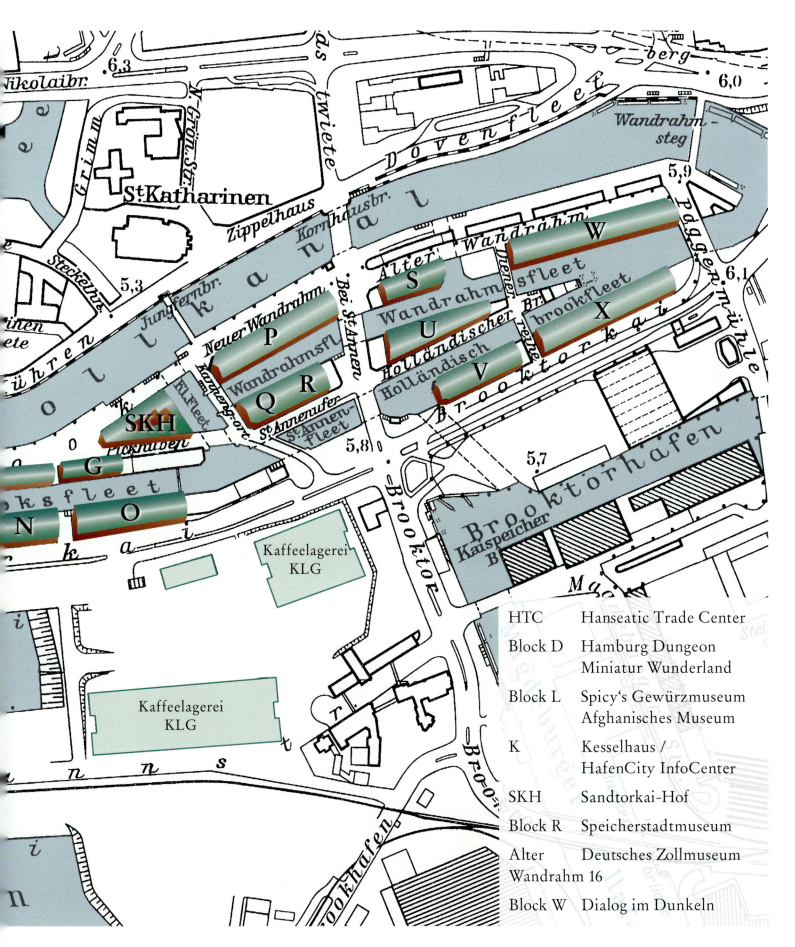

Bild oben
Ein Relikt aus fast vergangenen Zeiten. Der Hinweis markiert den Verlauf der Freihafengrenze.

Bild oben
Die Silhouette der Heiligen Anna oberhalb des Sandsteinbalkons des ehemaligen Direktionsgebäudes der HFLG, Sandtorkai 1. Im Hintergrund das Kontorhaus Sandtorkaihof.

Bild rechts
Blick von der Sandbrücke auf das Brooksfleet, das im Sommer dem Freiluft-Theater des „Hamburger Jedermann" als Kulisse dient.

Bild Seite 9
Auf der Neuerwegsbrücke, im Hintergrund Block V am Brooktorkai.

Vorherige Doppelseite
Die Brooksbrücke vom Binnenhafen über den Zollkanal. Hier wurde 1888 der Freihafen mit der Speicherstadt eingeweiht.

Bild oben
Von der Kannengießerortbrücke auf das Wandrahmsfleet, nebelgrau im Hintergrund die Wandbereiterbrücke.

Bild oben
Sonntägliche Stille über dem Kopfsteinpflaster in der Straße Kannengießerort.

Bild rechts
Blumen, die nicht welken – florale Ornamente am Brückengeländer der Wandbereiterbrücke zum Wandrahmsfleet.

Hamburg und der Freihafen

Der alte Hamburger Binnenhafen

Bild oben
Diese Figur der Heiligen Katharina befindet sich in der Hauptkirche St. Katharinen. Sie ist Schutzpatronin von 27 Gruppen und Zünften.

Bild oben
Die Bronzefigur Störtebekers von Hansjörg Wagner wurde 1982 bei der Magdeburger Brücke am Brooktor aufgestellt.

Vorherige Doppelseite
Hamburg wie vor 200 Jahren: die Giebel der historischen Reimerstwiete.

Am 7. Mai des Jahres 1189 soll Kaiser Friedrich der Erste Barbarossa der Stadt Hamburg unter Graf Adolf dem Dritten von Schauenburg das Privileg der Abgabenfreiheit verliehen haben. Bis heute gilt das erhaltene Dokument als Beleg für die Gründung des Hamburger Hafens. Die Stadt Hamburg feiert jedes Jahr im Mai ihren Hafengeburtstag und damit auch das so genannte Barbarossa-Privileg. Erst seit 1907 ist bekannt, dass es sich bei der vorliegenden Urkunde um eine Fälschung handeln muss, denn der Kaiser war zum Zeitpunkt der Unterschrift bereits gestorben, er war auf seinem letzten Kreuzzug ertrunken.

Hamburgs Hafen befand sich damals bei der Mündung der Alster in die Elbe, am Nikolaifleet. Östlich des Nikolaifleetes war bereits 1251 die Kirche St. Katharinen gegründet worden. Sie galt als Kirche der „sturen und riken" Hamburger, der stolzen und reichen Kaufleute.

Die Brookinseln, auf denen später die Speicherstadt gebaut werden sollte, lagen vor den Toren der Stadt. Sie zogen sich, von der Spitze des Binnenhafens durch ein Fleet getrennt, entlang der Kirche von St. Katharinen bis hin zum Meßberg, dem Markt für Gemüse aus den Vier- und Marschlanden. „Brook" bedeutete morastige, feuchte Wiesen, auf die das Milchvieh zum Weiden getrieben wurde. Im Westen dieser Inseln, auf dem Grasbrook, befand sich der Richtplatz der Hamburger. Bekanntester Verurteilter war der berüchtigte Piratenkapitän Störtebeker, der dort 1400 zusammen mit seinen Mitgefangenen vom Scharfrichter Rosenfeld mit dem Richtschwert geköpft wurde. Nach der blutigen Bestrafung wurden die Köpfe der Piraten in Sichtweite zur Einfahrt in den Hamburger Hafen auf Holzstämme genagelt, um zu zeigen, was denen geschah, die sich gegen die Gesetze der Hansischen Kaufleute vergingen.

Im Spätmittelalter siedelten sich die Tuchmacher im östlichen Teil der Brookinseln an. Wegen der hölzernen Rahmen zum Spannen der Tuche wurde dieses Gebiet dann „Wandrahm" genannt. Die Begriffe Leinwand oder Gewand meinen bis heute Stoffe oder Tuche. Später ließen sich auf dem Wandrahm bekannte Kaufmannsfamilien wie die Lutteroths oder die Godeffroys barocke Bürgerhäuser bauen.

Mit der Ausdehnung der Stadt waren auch die früheren Viehweiden, die so stadtnah gelegen waren, besiedelt worden. Die Spitze der Brookinseln wurde „Kehrwieder" und die Mitte „Brook" genannt. Dort wohnten Handwerker, Hafenarbeiter und Kleingewerbetreibende dicht gedrängt in Fachwerkmietshäusern. Bei dem Begriff „Kehrwieder" denken viele bis heute an die Verabschiedung der Seeleute, aber der Name bezeichnete zur damaligen Zeit eine Sackgasse.

Bis 1866 hatte Hamburg einen Naturhafen, das heißt keine künstlichen Kaianlagen. Der Umschlag erfolgte mit dem „Neuen Kran", der nach seiner Renovierung von 1986 noch heute am Binnenhafen steht. Erst 1866 wurde mit dem Sandtorhafen das erste künstliche Hafenbecken Hamburgs geschaffen.

Bild unten
Blick durch das Brückengeländer der Pickhubenbrücke auf die Katharinenkirche; rechts die Straße Kannengießerort, Drehort der NDR-Kinderserie „Die Pfefferkörner".

Bild oben
Die barocken Giebel der Deichstraße ähneln den barocken Bürgerhäusern am frühen Wandrahm vor dem Bau der Speicherstadt.

Bild oben
Das denkmalgeschützte Ensemble am Nikolaifleet mit den ehemaligen Kaufmannshäusern bietet einen Einblick in den Alten Hamburger Binnenhafen.

Vom Freihandelsgebiet zum Freihafen

Ende der 1870er Jahre forderte Bismarck, als Vertreter des Deutschen Reichs, auch Hamburg dazu auf, dem 1834 gegründeten Deutschen Zollverein beizutreten. Ziel war die wirtschaftliche Einigung Deutschlands durch die Beseitigung der Beschränkungen von Handel und beginnender Industrialisierung. Eine derartige Einschränkung war die bestehende Zollgrenze um das Hamburger Stadtgebiet. Der Verzicht auf die Zollgrenze bedeutete den Verlust der Abgabenfreiheit im Stadt- und Staatsgebiet Hamburgs. Das führte dazu, dass sich ein großer Teil der Hamburger Kaufmannschaft gegen den Beitritt zum Deutschen Zollverein stellte. Bismarck drohte jedoch damit, die Hamburger zu isolieren. Nach langen und zum Teil geheimen Verhandlungen schloss man daher eher widerwillig einen Kompromiss und stimmte im Mai 1881 der Einrichtung eines verkleinerten Freihandelsgebietes in Hamburg zu – dem Freihafen. Die Stadt stellte verschiedene Forderungen, unter anderem die nach einer Frist von siebeneinhalb Jahren für Planung, Bau und Einrichtung des Freihafens und der benötigten Warenlager. Zudem forderte man einen finanziellen Zuschuss vom Deutschen Reich, der auch in Höhe von 40 Millionen Mark bewilligt wurde.

Die bis dahin geltende Abgabenfreiheit Hamburgs hatte dazu geführt, dass sich die Kaufmannshäuser mit Wohnungen, Kontoren und Speicherböden über das ganze Stadtgebiet verteilten. Sie waren vorzugsweise an den Fleeten, Hamburgs Wasserstraßen, gelegen, um die wasserseitige Aufnahme der Waren aus den Lastschiffen zu ermöglichen. Die Planung eines Freihafengebietes erforderte daher auch die Verlegung bestehender Warenlager in den Freihafen. Zunächst erfolgte daher eine Bestandsaufnahme aller existierenden Lagerflächen und Kontore im Stadtgebiet, um die später benötigten Flächen ermitteln zu können. Eine Forderung der Kaufleute bestand darin, dass die geplanten Bauten in der Nähe von Rathaus und Börse liegen sollten, denn „ein Kaufmann muss mehrmals am Tag zur Börse und ins Rathaus, ein Arbeiter muss nur einmal am Tag zur Arbeit".

Verschiedene Pläne wurden vorgelegt. Ein Projekt sah zum Beispiel die Einrichtung des Freihafens auf der nicht bebauten Elbseite vor, um den Erhalt der dicht besiedelten Wohngebiete zu sichern. Der Bau eines Tunnels unter der Elbe und ein weit reichendes Verkehrskonzept sollten die Anbindung an die Stadt ermöglichen.

Die Kürze der Zeit und die Finanzierung waren letztlich ausschlaggebend für die Entscheidung, die Speicher und Kontore im verkehrsgünstig gelegenen aber dicht bebauten Gebiet von Kehrwieder, Brook und Wandrahminsel zu bauen. Das Deutsche Reich verbot jedoch jegliches Wohnen im Freihafengebiet. Ausnahmen wurden (und werden) nur gestattet, „soweit sie zu Betriebs- und Aufsichtszwecken dringend erforderlich waren".

Der Verbrauch unverzollter und unversteuerter Waren wurde verboten. Mit der Entscheidung für den Bau der Speicherstadt auf den Kehrwieder-Wandrahm-Inseln mussten daher die Bewohner ihre Viertel verlassen, alle Häuser wurden abgerissen.

Darüber hinaus wurden auch die Enteignung und der Abriss der straßenseitigen Bebauung entlang der Straßen „Bei den Mühren" und „Beim Zippelhaus" bis hin zum „Dovenfleet" beschlossen, um einen ausreichend breiten und tiefen Zollkanal anlegen zu können. Die Stadt sollte auch zukünftig auf dem Wasserweg mit inländischen Waren versorgt werden; dieser Transportweg musste außerhalb der Freihafengrenze liegen.

Durch die geschilderten Maßnahmen wurden bis zum Zollanschluss im Jahre 1888 fast 24.000 Menschen wohnungslos. Anhand von Adressbüchern haben Mitarbeiter des Museums der Arbeit festgestellt, dass nur eine geringe Zahl von Bewohnern in der Innenstadt Quartiere fand, ein Teil der Betroffenen musste nach Hammerbrook, Rothenburgsort und bis nach Barmbek umziehen.

Bild oben
Alt-Hamburg 1870: Holländische Reihe von der St. Annenbrücke aus gesehen, ehemals dicht bewohntes Gebiet, heute Speicherstadt.

Bild oben
Blick von der Holzbrücke auf die Fachwerkhäuserreihe am Nikolaifleet. Die Waren sind wasserseitig zu den Speichern gebracht worden.

Bild oben
Ehemalige Getreidespeicher, „Kaispeicher B", am Magdeburger Hafen. Links der Neubau der Traditionsfirma „Gebrüder Heinemann", die mit Duty-Free-Waren handelt.

Bild Seite 19
Im Inneren des Kaispeichers B.

Bild oben
Der „Neue Kran", stadtseitig am Binnenhafen stehend.

Die Planung der Speicherstadt

Die Ausführung der Bauarbeiten wurde der Hamburger Baudeputation übertragen, die 1885 den Hamburger Oberingenieur F. A. Meyer als Leiter hinzuzog. Bis zum Zollanschluss 1888 waren für die „Hamburger Freihafen-Lagerhaus-Gesellschaft", die HFLG, insgesamt 15 Ingenieure, 24 Architekten und Zeichner sowie 23 Bauaufseher tätig.

Franz Andreas Meyer wurde am 6. Dezember 1837 in der Straße Hopfensack Nr. 3 in der Nähe der späteren Speicherstadt geboren. Nach seiner Ausbildung an der Polytechnischen Hochschule in Hannover erwarb er sich Kenntnisse bei der Planung der Harburg-Hamburger Eisenbahn. Er war auch an der Vermessung und Kartierung der Elbe beteiligt. Seit 1872 war er als Oberingenieur für die Regelung und Überwachung aller Verkehrsmittel, für die städtischen Friedhöfe und die Hamburger Stadtwasserkunst zuständig.

Bereits 1862 hatte er unter Leitung von Wasserbaudirektor Dalmann die Strom- und Erdarbeiten für den Sandtorhafen ausgeführt. Der an der Einfahrt zum Sandtorhafen gelegene Kaiserspeicher A diente den Lagern der Speicherstadt als Planungsvorbild. Aus Kostengründen entschied man jedoch, die Speicher bis auf das sechste Geschoss zu bauen.

Das Wahrzeichen des Kaiserspeichers war der weithin sichtbare Uhrturm, von dem immer um zwölf Uhr ein Zeitball fallen gelassen wurde, damit die Chronometer der Schiffe danach kontrolliert werden konnten. Der Turm und der Südflügel überstanden die Zerstörungen des Zweiten Weltkriegs, wurden aber im Jahre 1963 gesprengt. Heute steht an ihrer Stelle der 1966 eingeweihte Kaispeicher A, der der geplanten HafenCity weichen soll. Der Sandtorhafen gilt als Vorbild für die moderne Hafenentwicklung Hamburgs.

Nachdem der Generalplan und der Generalkostenplan 1883 vom Reichskanzler bewilligt worden waren, setzte man eine 15-köpfige „Senats- und Bürgerschaftscommission" mit der Möglichkeit einer Verlängerung für zunächst drei Jahre ein. Bis 1888 wurden für 51 Millionen Mark die benötigten Grundstücke erworben.

Die spätere Speicherstadt sollte nicht in Privatbesitz gelangen. Daher gründete Hamburg unter Beteiligung der Norddeutschen Bank am 7. März 1885 die Aktiengesellschaft zur Herstellung und Verwertung der Speicherstadt, die „Hamburger Freihafen-Lagerhaus-Gesellschaft" (HFLG). Der Boden blieb in Staatsbesitz, die Aktien gingen später in den alleinigen Besitz Hamburgs über.

Bild oben
An der Brooksbrücke: „Kaiser Wilhelm II setzte diesen Stein zum Gedächtnis der Vereinigung der Freien u. Hansestadt Hamburg mit dem Gebiet des Deutschen Reiches".

Bild oben
Weinreben ranken um die Sandsteinornamente des früheren Direktionsgebäudes. Im Hintergrund Block U.

Bild Seite 23
Wie ein Schloss hebt sich das Verwaltungsgebäude Am Sandtorkai 1 von den Speichergebäuden ab. Erker, Balkon und Türme zeigen die gestalterische Vielfalt der Speicherstadt.

Vorherige Doppelseite
Blick von der genieteten Brooksbrücke auf das Hamburger Stadtwappen im Giebel von Block E.

Der Bau der Speicherstadt

Hamburger Freihafen-Lagerhaus-Gesellschaft

Nach dem Abriss der Häuser auf Kehrwieder und Brook wurde zunächst mit der Aufschüttung des Geländes begonnen. Neue Fleete wurden angelegt, straßenseitig wurde teilweise bereits ein Gleisanschluss eingeplant.

Damit die Speicherbauten auf dem morastigen Untergrund errichtet werden konnten, mussten zehn Meter lange Holzpfähle mit Dampframmen in den Untergrund getrieben werden. Häufig ist von Eichenpfählen zu lesen. Eiche wäre als Fundament zu teuer geworden, die genutzten Nadelhölzer waren für den gewünschten Zweck völlig ausreichend. Auch diese Hölzer verkieseln, wenn sie sich ständig im Wasser befinden; das heißt, sie bilden einen Schutz gegen Verrottung, soweit sie unter Luftabschluss gehalten werden.

Die Belastungsgrenze wurde vom ersten bis zum dritten Geschoss, Boden genannt, mit 1 800 Kilogramm, für den vierten Boden mit 1 500 Kilogramm und für den Dachboden mit 500 Kilogramm pro Quadratmeter Bodenfläche festgesetzt. Aus diesem Grund sind die Speicher mit schmiedeeisernen Stützkonstruktionen errichtet, die, zum Teil bereits vorgenietet, aus dem Ruhrgebiet geliefert wurden.

Am 24. Juli 1885 erhielt die HFLG die erste Baugenehmigung für die Blöcke O und N. Die Architekten Stamann & Zinnow sowie Hanssen & Meerwein wurden mit der Ausführung von 20 000 qm Lagerfläche und 5 000 qm Kontorfläche für den Kaffeehandel beauftragt – vier von sieben Architekten, die bereits mit dem Bau des Hamburger Rathauses beschäftigt gewesen waren.

Am Sandtorkai 1 liegt das ehemalige Direktionsgebäude der HFLG, das den Abschluss von Block O und N bildete. Mit seinen Türmen erhebt es sich über die davor liegenden Speicher. Der verwendete Sandstein veredelt die Backsteinarchitektur. Es galt, „den kolossalen Gebäudekomplex vor nüchterner Kahlheit zu bewahren".

Der erste Bauabschnitt der Speicherstadt wurde von der Kannengießerbrücke bis zur Kehrwiederspitze in nur drei Jahren fertig gestellt. In dieser kurzen Zeit, von 1885 bis 1888, waren damit 60 Prozent der Bauten errichtet worden. Kaiser Wilhelm der II. hat am 29. Oktober 1888 unter großem Prunk den Hamburger Freihafen mit dem ersten Bauabschnitt der Speicherstadt eingeweiht. Mit einer silbernen Maurerkelle mit elfenbeinernem Griff setzte er an der Brooksbrücke den Schlussstein ein. Die Feierlichkeiten und der siebenstündige Besuch des Kaisers kosteten die Hamburger 225 000 Mark. Die Ausgaben für die ehemaligen Bewohner dieses Gebietes beliefen sich dagegen auf nur 100 000 Mark damit sollten „unnötige Härten" vermieden werden. Die Einrichtung des Freihafens erfolgte zum Zeitpunkt eines enormen Aufschwungs im deutschen Außenhandel.

Der wirtschaftliche Erfolg war auch an der Bilanz der HFLG abzulesen. Nach der Einlage von neun Millionen Mark 1886 stieg der Reingewinn auf 14 Millionen für 1889 und auf 23 Millionen Mark im Jahr 1900. Diesem Erfolg entsprechend wurde die Speicherstadt in einem zweiten Bauabschnitt, von 1890 bis 1897, um die Blöcke P, Q und R erweitert.

Ab 1899 wurde dann mit dem dritten Bauabschnitt begonnen. Wegen des Ersten Weltkrieges unterbrochen, konnte der Bau erst 1927 mit Block W bei der Ericusspitze beendet werden. Die Speicherstadt gilt bis heute als größter zusammenhängender Lagerhauskomplex der Welt.

KRIEGSZERSTÖRUNGEN UND WIEDERAUFBAU

Der Hamburger Hafen war nach Ende des Zweiten Weltkrieges zu achtzig Prozent zerstört. Die Speicherstadt ist bei den Bombardierungen von 1943 bis 1945 zu über fünfzig Prozent vernichtet worden.

Der erste Bauabschnitt wurde nahezu völlig zerstört. Die ehemaligen Blöcke A, B, C und J im äußersten Westen wurden nicht wieder aufgebaut. An dieser Stelle befindet sich heute das 1995 begonnene und 2002 fertig gestellte Hanseatic Trade Center. Das Gelände, auf dem das HTC steht, gehört heute nicht mehr zum Hafengebiet. Damit wurde der Verkauf möglich und die Vermietung an Firmen erleichtert, die kein hafennahes Gewerbe vertreten. Heute findet man hier auch den Firmensitz der Werbeagentur Scholz & Friends oder die Unternehmensberatergruppe McKinsey.

In den vierziger Jahren wurden zerstörte Gebäude zum Teil mit Trümmersteinen wieder aufgemauert, so bei Block P, Am Sandtorkai 25-28. Block O am Sandtorkai mit der darin befindlichen Kaffeebörse wurde fast völlig zerstört. Im Anschluss an das ehemalige Direktionsgebäude hat Werner Kallmorgen 1955/56 an dieser Stelle ein Bürohaus mit großen Fensterflächen und daran anschließenden Betonspeichern für die Kaffeefirmen gebaut. Die von Schramm & Elingius und Kallmorgen entworfene neue Kaffeebörse, Pickhuben 3, wurde 1956 eröffnet. Block T in der Straße Alter Wandrahm 12, im dritten Bauabschnitt, war völlig zerstört worden und wurde, ebenfalls von Kallmorgen & Partner, bis 1967 als Bürohaus für die Hamburger Hafen und Lagerhaus-AG, die Verwalterin der Speicherstadt, neu gebaut.

Die Kornhausbrücke, der wichtigste Übergang zum dritten Bauabschnitt, war bereits 1888 fertig gestellt worden. Ursprünglich war die Brücke an ihren vier Pfeilern mit den Entdeckern der wichtigsten Seewege geschmückt. Magellan und Cook, die sich auf der Freihafenseite befanden, sind bei den Bombardierungen zerstört worden.

Die steinernen Gestalten von Kolumbus und Vasco da Gama weisen dagegen bis heute von der Stadtseite den Weg in den Freihafen und zu den ehemals besonders wertvollen Kolonialwaren.

Bild links
Restaurierung und Umbau. Ein Bild wie vor 100 Jahren vom Wandrahmsfleet. Auf der rechten Seite das Rathaus der Speicherstadt mit dem Uhrturm in der Bildmitte.

Bild oben
Wiederaufbau mit vereinfachten Giebeln. Die Winden wurden auf elektrischen Antrieb umgestellt.

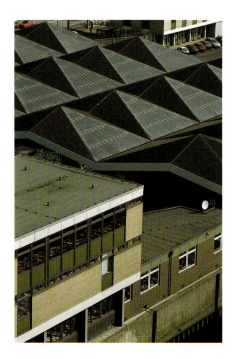

Bild oben
Dachrelief aus den 60er Jahren. Das Hauptzollamt Ericus am Brooktorkai von der Fleetseite Brooktorhafen aus gesehen.

Die Verwaltung im „Rathaus"

Das zweite Direktionsgebäude der Speicherstadt, das so genannte „Rathaus", liegt in der Straße Bei St. Annen 1. Nach einer Ausschreibung 1901 erhielten die Architekten Hanssen & Meerwein sowie der Architekt Grotjahn jeweils einen ersten Preis im Wettbewerb um das Verwaltungsgebäude, das sie nach einem gemeinsamen Entwurf errichteten. Der verwendete hellrote Stein aus Schlesien weicht vom roten Geeststein ab, der für die anderen Speicherbauten verwendet worden ist. Durch die Elemente der süddeutschen Spätgotik und den, aus der Frührenaissance entlehnten grauen Sandsteindekorationen, hebt sich dieses beeindruckende Gebäude deutlich von den anderen neugotischen Speicherbauten ab. „Glockenturm", Erker und Balkone unterstreichen den Rathauscharakter. Das zweite Verwaltungsgebäude kostete 600 000 Reichsmark und konnte nach zweijähriger Bauzeit 1904 von der HFLG bezogen werden. Die HFLG und die Staatliche Kaiverwaltung wurden 1935 zusammengeschlossen und 1939 in „Hamburger Hafen und Lagerhaus-AG", HHLA, umbenannt. Die stadteigene HHLA ist aber nicht nur Verwalterin der Speicherstadt, sondern auch größter Containerumschlagbetrieb im Hamburger Hafen.

Eineinhalb Jahre wurde das Innere des „Rathauses" der Speicherstadt mit großem finanziellem Aufwand restauriert und renoviert. Die HHLA hat dort im August 2002 wieder ihren Hauptsitz bezogen. Im Zuge der Umbaumaßnahmen ist eine neue, großzügige Eingangssituation geschaffen worden. Die ehemalige Kassenhalle ist wieder hergestellt. Durch das Eingangsportal tritt man in ein großzügiges Atrium, das durch seine Transparenz besticht. Nach oben hin öffnet sich der früher verbaute Innenhof. Kein störendes Milchglasdach im ersten Stock behindert den Blick in den Hamburger Himmel. Auf Höhe der Dachzinnen im 5. Stock überspannt ein gewölbtes Glasdach den gesamten Innenhof; über eine Galerie wurde der Zugang zu den Büros im Dachstuhl neu geschaffen. Durch den Lichteinfall und die hellen Kacheln, mit denen der Innenhof verkleidet ist, kommen das gotisch anmutende Kreuzgewölbe und die Jugendstilelemente im Treppenhaus besonders gut zur Geltung. Dadurch wird der repräsentative Eindruck den das Gebäude schon in der Aussenbetrachtung erzeugt, verstärkt.

Peter Dietrich, Vorstandsvorsitzender der HHLA, gilt als Vordenker für die Zukunft der Speicherstadt. Geboren 1938 und in Sachsen aufgewachsen, kam er vor dem Mauerbau nach Westdeutschland. Von 1977 an arbeitete er für das Hafenberatungsunternehmen Hamburg Port Consulting der HHLA, 1984 wechselte er in die Muttergesellschaft. Der Diplom-Ingenieur und Wirtschaftswissenschaftler sah bereits frühzeitig, dass die Wirtschaftlichkeit der alten Speicherstadt in Frage gestellt war. Die Personalkosten für die Lagerhaltung stiegen, während die Preise für die einzulagernden Waren verfielen.

Bild links
Im Mauerwerk eine Erinnerung an den Wiederaufbau nach den Kriegszerstörungen, die Jahreszahl 1957. Im Hintergrund das Mahnmal von St. Nikolai.

Bild unten
Die Fassade des Bürogebäudes von Block O, Am Sandtorkai, 1955/56 unter Leitung von Kallmorgen neu gebaut. In den Fenstern spiegelt sich die gegenüberliegende Katharinenkirche und der Sandtorkaihof.

Bild oben
Der neu gestaltete Lichthof des „Rathauses" der Speicherstadt St. Annen 1.

Bild oben
Im Treppenhaus kommt durch die Holztreppe und die hellen Farben auch der alte Wandschmuck wieder zur Geltung.

Bild oben
Das gotisch anmutende Kreuzgewölbe in der zweiten Etage.

Bild oben
Restauriert, aber außer Funktion: der alte Fahrstuhl im Jugendstil.

Bild links
Die prunkvolle Ansicht der Kupferdächer betont den repräsentativen, rathausgleichen Charakter des Direktionsgebäudes.

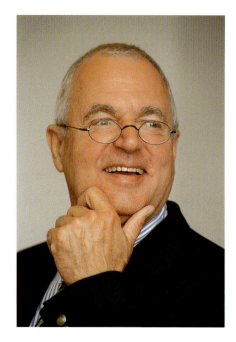

Bild oben
Peter Dietrich, Vorstandsvorsitzender der Hamburger Hafen und Lagerhaus-AG und Präsident des Unternehmensverbandes Hafen Hamburg e.V.

Bild Seite 31
Lichtdurchflutet präsentiert sich die neu gestaltete Galerie des Innenhofes im Verwaltungsgebäude.

Langfristig konnten hier nur ausgesprochen hochwertige Güter wirtschaftlich gelagert werden, beispielsweise Orientteppiche; andere Lagerhalter orientierten sich bereits zur gegenüberliegenden Elbseite des Freihafens. Maßgabe für die HHLA war, dass keiner der bisherigen Nutzer an der Höhe der Mieten scheitern sollte. Dennoch standen Speicher leer und neue Mieter mussten gefunden werden. Zunächst wurde „ein Gestaltungsschutz für ein Gewerbegebiet mit langjähriger Geschichte geschaffen". Der erste Schritt war die Unterschutzstellung der Speicherstadt durch das Amt für Denkmalschutz 1991. Peter Dietrich hatte bereits frühzeitig die für die geplante HafenCity benötigten Flächen im Auftrag Hamburgs aufgekauft, wusste also um den Zusammenhang dieses neuen Projektes mit der Speicherstadt. Von Beginn an sah er die Notwendigkeit, dass „ein Gewerbegebiet dieser Größe belebt bleiben muss". Im nächsten Schritt hatte er sich, auch aus wirtschaftlichen Gründen, für eine „attraktive Kultur- und Gewerbemischung" in der Speicherstadt eingesetzt. Dazu gehörte die Einrichtung eines Kultur- und Gewerbespeichers in Block D genauso wie beispielsweise die Genehmigung der Speicherstadt als Spielstätte für das Theaterstück des „Hamburger Jedermann". Die kulturelle Verantwortung der HHLA zeigt sich aber auch an anderer Stelle. Peter Dietrich hatte sich gegen die beabsichtigte Zuschüttung des Sandtorhafens ausgesprochen sowie für die Sanierung der ehemaligen Kaffeebörse im Stil der fünfziger Jahre. Die Turmskelette des HafenCity InfoCenters sollen nicht nur Wahrzeichen sein, sondern auch an die frühere Funktion dieses Gebäudes als Kesselhaus erinnern. Auch die nächtliche „Illumination" steigert die Attraktivität der Speicherstadt, rückt sie „ins rechte Licht". Nicht nur planerisch, sondern auch finanziell hat sich die HHLA maßgeblich daran beteiligt. Über eine halbe Million Mark wurde für dieses Lichtprojekt bereitgestellt. Um die Erfordernisse einer angemessenen Entwicklung der Speicherstadt richtig einzuschätzen, hat die HHLA eine Studie in Auftrag gegeben, in der verschiedene Entwicklungsszenarien thematisch und finanziell durchgespielt werden. Für die HHLA ist die Speicherstadt ein städtebauliches Juwel, das auch in Zukunft besondere Verantwortung erfordert. Die Unternehmensziele sind:

„1. Erhaltung der Speicherstadt (...) als konstituierenden Kerngeschäftsbereich und Ergebnisträger
2. Konfliktfreie und koordinierte Einbindung der Speicherstadt in die Entwicklung von HafenCity und Innenstadt.
3. Schutz der Interessen der Kunden (Mieter) der HHLA (...)
4. Erhaltung der Speicherstadt als denkmalgeschütztes Ensemble und dessen schrittweise, behutsame Anpassung an die wirtschaftliche und städtebauliche Entwicklung.
5. Kreativer Beitrag zur Weiterentwicklung als Standort für Wirtschaft und Kultur."

Bild rechts
Licht- und Schattenbilder auf der genieteten Neuerwegsbrücke, im Hintergrund der Sandtorkaihof.

Bild Seite 35
Blick von der Kornhausbrücke in den Zollkanal. Im Wasser spiegeln sich Zippelhaus und der Kirchturm von St. Katharinen.

Vorherige Doppelseite
Vor der Kornhausbrücke weist seit 1887 Kolumbus den Weg in die Speicherstadt zu den früheren „Kolonialwaren".

Bild oben
Sandbrücke Richtung Kehrwiederfleet. Im Hintergrund eine der Wachen der Wasserschutzpolizei und der Hafen-Feuerwehr.

Bild oben
Schattenbilder der Ornamente des Geländers an der Kannengießerbrücke.

Bild oben
Wandbereiterbrücke mit Sicht auf Block P.

Bild rechts
Sandbrücke über dem Brooksfleet mit Blick auf Block L, in dem sich „Spicy's Gewürzmuseum" und das Afghanische Kunst- und Kulturmuseum befinden.

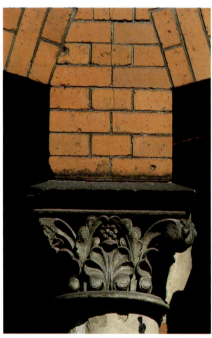

Bilder oben
Beim genauen Hinsehen zeigen sich dem Betrachter unerwartete Details: von den Gesichtern an der „Rathausfassade" an der Straße Bei St. Annen bis zu den floralen Ornamenten am St. Annenufer 2.

Bild rechts
Treppengiebel in der kupfernen Dachlandschaft mit Blick auf das Hamburger Wahrzeichen, den „Michel", die Kirche von St. Michaelis

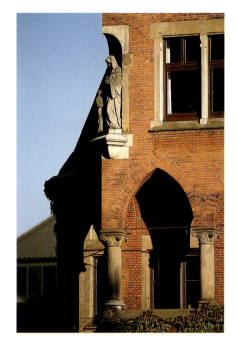
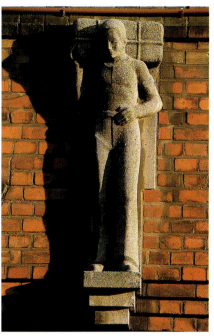

Bilder Seite 39 und folgende Doppelseite
Das Spiel von Licht und Schatten setzt neue Akzente und hebt die gestalterische Vielfalt der Architektur plastisch hervor.

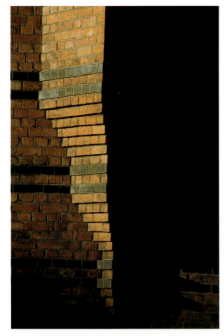

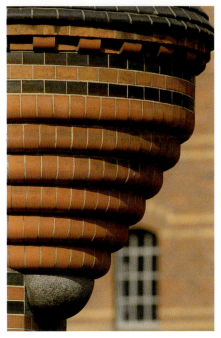

Schuten und Peekhaken

Vom Ewerführer zum Barkassenbetreiber

Zur Zeit des Baus der Speicherstadt lagen die Hauptverkehrswege Hamburgs auf dem Wasser. Die vorhandenen Kaistrecken reichten nicht aus, viele Seeschiffe lagen mitten im Fluss an so genannten Duckdalben, gebündelten Holzpfählen zum Anlegen und Festmachen der Schiffe. Die Ladung wurde mit dem schiffseigenen Ladegeschirr auf flache Lastschiffe, Schuten genannt, umgeladen, die den Weitertransport übernahmen. Die Schiffsführer wurden Ewerführer genannt. Wer nach dreijähriger Lehrzeit Ewerführer wurde, hatte eine der ältesten Ausbildungen erhalten und übte einen der wenigen Lehrberufe im Hamburger Hafen aus. Heute ist Karl Bülow einer der letzten gelernten Ewerführer im Hamburger Hafen. 1941 in Hamburg geboren, ging er mit 15 Jahren zum Bugsierbetrieb Kröger in die Lehre. Schon der Großvater hatte Waren auf kleineren Schuten im Hamburger Hafen transportiert. Diese Lastschiffe wurden Bollen oder Bullen genannt und hatten eine Traglast von bis zu 30 Tonnen. Auch der Vater war gelernter Ewerführer.

Ewer sind Lastschiffe ohne Kiel, mit Mast und Segel, wie sie auch zum Transport von Obst und Gemüse aus den Vier- und Marschlanden nach Hamburg benutzt worden sind. Innerhalb des Hafens waren Mast und Segel jedoch überflüssig und wegen der vielen Brücken lästig. Die Kähne ohne Mast, Schuten genannt, wurden auf der Elbe von Dampfschleppern oder Barkassen in Schleppzügen mit bis zu sechs Fahrzeugen, jeweils zwei nebeneinander, gezogen. Wenn die Waren in die Speicherstadt sollten, fuhr der Schlepper bis Kehrwieder, dort wurde der Zug dann „losgeschmissen" und die Schuten wurden mit dem Peekhaken fortbewegt – einer langen hölzernen Stange, die bis auf den Grund der Fleete reichte und mit der man sich vom Grund abstoßend, in „staakender Weise" mit der Strömung voranschieben musste. Mit dem Haken am Ende der Peekstange konnte man sich an einen Metallstab, der in die Öffnungen der Mauerwände eingelassen war, heranziehen oder davon abstoßen. Die Arbeitsbedingungen waren hart, nicht nur Kraft, sondern auch Geschick waren nötig; nach 1872 begann der Arbeitstag um 5.30 Uhr und endete um 19 Uhr.

1890 waren schon 4 000 Schuten im Einsatz, 1914 bereits 6 000, darunter eiserne Schuten mit einer Tragfähigkeit von bis zu 100 Tonnen.

Die Fahrt mit den Dampfschleppern der Ewerführerei gehörte ebenso zur Arbeit wie das „Bunkern" der Kohle. Für die Arbeit am Heizkessel unter Deck bei 50 bis 60 Grad Hitze hatte Karl Bülow „extra Arbeitszeug" zum Wechseln dabei. Als Ewerführer im Freihafen war er „vereidigte Zollhilfsperson" mit der Verantwortung für die Fracht- und Zollpapiere und die Abfertigung der Waren.

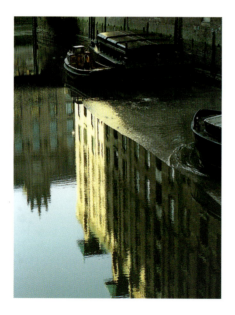

Bild oben
Ein Peekhaken.

Bild oben
Bei Ebbe liegen die Schuten in den Fleeten auf dem Trockenen.

Bild vorherige Doppelseite
Von der Kannengießerortbrücke ein selten gewordenes Bild: einige der letzten Schuten und ein Schlepper spiegeln sich im Wasser des Wandrahmsfleet.

Bild oben
„Kalli" Bülow mit dem alten Peekhaken seiner letzten Schute, eine Erinnerung aus seiner Zeit als Ewerführer.

Wer beim Schmuggeln erwischt wurde, den erwartete das „Freihafenverbot", das einem Berufsverbot gleichkam. Die Ausbildung umfasste aber nicht nur das Manövrieren, sondern auch ausreichende Warenkenntnisse für das richtige Be- und Entladen. Die Tabakfirmen galten als besonders schwierige Kunden. Der Tabak kam in riesigen Fässern oder in Ballen, zum Beispiel mit Hapag-Schiffen aus Virginia, im Hamburger Hafen an und musste per Schute in die Speicherstadt gestaakt werden. Vor dem Verladen der Ballen kam aber ein Kontrolleur des Kaufmanns, um die Schute auf Staubfreiheit zu überprüfen und sicherzustellen, dass der geruchsempfindliche, kostbare Tabak nicht mit anderer Ware transportiert wurde.

Alle Speicher sind so gebaut, dass sie auf der Wasserseite Ware aufnehmen konnten. Die Fässer, Säcke, Kisten oder Ballen wurden an den Windenhaken gehängt, daran bis vor die Speicherluke gezogen und von den Lagerhaltern, den Quartiersmännern, mit Schwung auf einen Lastkarren (Taxameter) gesetzt. Der Ewerführer tat gut daran, nicht unter der schwebenden Last zu stehen, denn es konnte passieren, dass die „Hieve ausschiesst" – die Ladung, die nur mit einem Tau oder breiten Band umschlungen wurde, verrutschte und drohte darunter Stehende zu erschlagen.

Bild oben
Wie im Konvoi ziehen heute die Barkassen mit den „Sehleuten" durch die Fleete, auf denen früher die Schuten gestaakt worden sind.

Bild rechts
Im Binnenhafen sieht man die Verbindung von Alster und Elbe, wenn der Alsterdampfer bei einer Fleetfahrt die Speicherstadt besucht.

Die Ewerführer galten wegen ihrer verantwortungsvollen Tätigkeiten als „Kapitäne kleinsten Formats". Erst mit der Einführung des Containers zum Ende der 60er Jahre verloren die Kanäle und Fleete als Transportwege an Bedeutung. Heute sind die Berufe des Hafenschiffers und des Ewerführers zu einem Lehrberuf zusammengefasst. Karl Bülow hat sich 1992 als Barkassenführer selbstständig gemacht. Ihm gehören drei Barkassen.

Bild oben
Beim Anleger Kajen warten die Barkassen auf ihre Gäste. Wer das Besondere liebt, fährt bei Nacht durch die beleuchtete Speicherstadt oder unternimmt „Schmuggelfahrten für Anfänger und Fortgeschrittene" im Freihafen.

Die „Buenos Aires", ehemals Eigentum der Reederei Hamburg-Süd, die alle ihre Schiffe nach südamerikanischen Häfen benannte, hat Hafenarbeiter zu betreffenden Liegeplätzen im Hafen gefahren. Heute fährt Karl Bülow auf seinen Barkassen „Sehleute" durch den Hafen und gibt kenntnisreich darüber Auskunft, wie früher gearbeitet wurde. Die Söhne Jonny und Jan könnten den Betrieb später übernehmen.

Kesselhaus und Maschinenzentralstation

Bild oben
Durch die „Turmskelette", die an die im II. Weltkrieg zerstörten Schornsteine des Kesselhauses erinnern sollen, wirkt der Kirchturm von St. Katharinen wie im Netz gefangen.

Bild rechts
Früher schlug im Kesselhaus das technische Herz der Speicherstadt; heute wird hier die bauliche Zukunft Hamburgs präsentiert. Ein Architekturmodell der Stadt Hamburg mit der geplanten HafenCity.

Das technische Herz der Speicherstadt schlug bis zu den Zerstörungen im Zweiten Weltkrieg an der Straßenecke Am Sandtorkai/Am Sande im ehemaligen Kesselhaus. Weithin sichtbar waren früher zwei Schornsteine, an die seit 2001 die „Turmskelette" erinnern sollen, die Wahrzeichen des HafenCity-Infocenters im früheren Kesselhaus und in dem daneben liegenden Maschinenhaus.

Auf dem Kehrwiederfleet wurde wasserseitig mit flachen Lastschiffen, den Schuten, Kohle angeliefert. Über eine Hängebahn wurde die Kohle bis vor Klappen im Bürgersteig transportiert, dort konnte sie direkt vor die Kessel gekippt und verfeuert werden. Mit der Dampfenergie wurden Pumpen angetrieben. Über ein mit Wasser gefülltes Rohrleitungsnetz von insgesamt 14,5 Kilometern Länge konnten die Winden aller Speicher hydraulisch betrieben werden. Diese Anlage war nach einem Londoner Vorbild erbaut worden. Einer der alten Quartiersleute berichtete, dass die Lagerhalter jeweils am Vortag den Bedarf angemeldet haben, um sicherzustellen, dass auch bei gleichzeitigem Betrieb vieler Winden ausreichend Druck aufgebaut werden konnte. Bezugsfertige Speicher sind bereits vor der Fertigstellung des Kesselhauses provisorisch mit Handwinden und auf Schuten montierten Dampfwinden betrieben worden. Die Handwinden wurden zum Teil auch noch nach Inbetriebnahme der hydraulischen Anlage erhalten, um im Notfall eingesetzt werden zu können.

Diese hydraulische Anlage sollte aber auch im Falle eines Feuers eingesetzt werden, um mit „Hochdruck" auch die oberen Böden der Speicher bis in zwanzig Meter Höhe löschen zu können. Brandschutz und Brandbekämpfung wurden von Seiten der Versicherungen gefordert, die wegen der teuren

Waren im Falle eines Brandes hohe Verluste befürchteten. Daraus ergab sich die Notwendigkeit der Elektrifizierung. Daher standen im Maschinenhaus der Zentralstation Generatoren, um die Speicherstadt mit elektrischer Beleuchtung zu versehen. Rund 4 000 Glühlampen von Kontoren und Zollstationen wie auch 50 Bogenlampen wurden von dort aus mit Strom versorgt. Nach der Zerstörung des Kesselhauses und der Zentralstation im Zweiten Weltkrieg sind die Winden mit Elektromotoren versehen worden.

Bild oben
Das „Wasserschlösschen" im Osten der Speicherstadt, zwischen Holländischbrookfleet und Wandrahmsfleet gelegen. Das Personal für die Wartung der Winden wohnte hier.

Bild links
Das ehemalige Kesselhaus, 1886 von Franz Andreas Meyer entworfen und im Jahre 2000 vom Architekturbüro Gerkan, Marg & Partner zum HafenCity InfoCenter umgebaut.

Quartiersleute & Consorten

Vom Böttcher zum Quartiersmann

Bild oben
Vasco da Gama vor der Kornhausbrücke, daneben das Zippelhaus in dem die Gemüsebauern früher übernachten konnten.

Bild vorherige Doppelseite
Im Speicher von Quast & Cons. lagern die bis zu 75 Kilo schweren Kakaosäcke und sind bis zur Decke gestapelt, „die billigste Miete ist oben" sagt man in der Speicherstadt.

Am Sandtorkai liegt der Speicherblock N, der die Bombardierungen im Zweiten Weltkrieg leicht beschädigt überdauert hat. Neben Block N treffen alte und neue Speicherstadt aufeinander. Der Eingang liegt direkt unter der neuen Brückenanlage am Kibbelsteg, von der aus die Zufahrt zur geplanten HafenCity auch in Sturmflutzeiten gewährleistet werden soll. Ursprünglich für die Einlagerung von Kaffee gebaut, befindet sich hier das Kontor von Quast & Consorten, einer alteingesessenen Quartiersmannsfirma, die auf die Lagerung und Bearbeitung von Rohkakaos spezialisiert ist. Die Leitung der Firma obliegt dem 1941 in Hamburg geborenen Uwe Harms als geschäftsführendem Gesellschafter. Noch vor wenigen Jahren hat er den Betrieb zusammen mit seinem sieben Jahre älteren Bruder Gerhard Harms geführt, dieser genießt inzwischen seinen Ruhestand.

Quartiersmann ist die traditionelle Bezeichnung für die Lagerspezialisten der Speicherstadt, die nicht mit der Ware handeln, also „nicht auf eigene Rechnung", aber für verschiedene Kaufleute arbeiten. Sie betreuen deren Waren von der Anlieferung bis zur Abholung, von der fachgerechten Qualitätskontrolle über die Einlagerung bis hin zur notwendigen Bearbeitung. Sie sind für die reibungslose Abwicklung aller Formalitäten von der Verzollung bis zur Weiterleitung an den Kunden verantwortlich und wie Quast & Consorten als anerkannte Lagerhalter an der Londoner Kakaobörse zugelassen, um handelbare Lagerscheine für Warentermingeschäfte auszustellen.

Bereits der Urgroßvater von Uwe Harms war Böttcher in Hamburg. Traditionell sind es die Böttcher gewesen, die als Hausküper in einem Kaufmannshaus tätig waren. Soweit möglich, wurde früher im Fass gelagert und transportiert. Ob Heringe, Hamburger Bier oder Ochsenfleisch, das Fass wurde als universelle Verpackung eingesetzt. Fässer waren teuer, sie wurden aus diesem Grund mehrfach benutzt; sie boten der Ware Schutz vor dem Seewasser und waren, auch bei schwerem Inhalt, leicht zu transportieren.

Nicht jeder konnte sich jedoch einen festangestellten Hausküper leisten, dann beschäftigte man Quartiersleute, Männer, die sich zu einer Firma zusammenfanden und für verschiedene Kunden in deren Speichern arbeiteten. Ob der Begriff der Quartiersleute aus der Zahl „Vier" wie „Vier Mann, vier Ecken" oder aus der Bedeutung des Quartiers als „Viertel" abzuleiten ist, bleibt unklar. Einer der Männer gab seinen Namen und die Teilhaber waren die Consorten (Cons.); der älteste bekannte Kontrakt ist von 1693.

Im Laufe der Zeit spezialisierten sich viele Quartiersmannsfirmen auf bestimmte Waren. Diese Firmen erhielten dann „Ökelnamen", das waren Bezeichnungen wie zum Beispiel „Wullkosaken" für die Speicherarbeiter, die Baumwollballen lagerten.

Zum Probenziehen saßen sie rittlings auf den Ballen. „Die Blauen" arbeiteten mit Indigo, „Pansenklopper" mussten Tierhäute, die mit Salz konserviert waren, abklopfen und frisch einsalzen.

Auch der Großvater von Uwe Harms war Böttcher, sein Lehrlingsvertrag und Zeugnis der „Böttcher, Kiemer und Küpermeister" befindet sich noch im Familienbesitz. Ihm gehörte gemeinsam mit seinem Bruder die Quartiersmannsfirma Wilh. Meyer & Cons.

Uwe Harms begann 1959 bei Quast & Cons. eine Lehre als Speditionskaufmann, sein Bruder Gerhard hatte bereits Groß- und Außenhandelskaufmann gelernt. Die Brüder Harms verbrachten, der Hamburger Kaufmannstradition entsprechend, einen Teil ihrer Weiterbildung im Ausland – Uwe Harms in England, Gerhard an der Goldküste im heutigen Ghana.

Bild oben
Um die Qualität der Kakaomuster zu prüfen, wird ein Teil der Proben mit dem Messer aufgeschnitten.

Bild oben
Nach dem Schnitt beurteilt der Fachmann, ob die Bohnen ausreichend fermentiert sind, und er kann auf Schädlingsbefall untersuchen.

Bild links
Uwe Harms von Quast & Cons. bei der Begutachtung einer Kakaoprobe.

Vom Quartiersmann zum Seegüterkontrolleur

Wenn man den alten Kakaospeicher betritt, nimmt man als Erstes den eigentümlich säuerlichen Geruch wahr – essigsauer und an schwarze Zartbitterschokolade erinnernd. Im Speicher ist es dunkel und die Kakaosäcke stapeln sich bis fast unter das Dach. Die wenigen Fenster von der Wasser- und der Straßenseite des Speichers lassen nicht viel Licht in den 400 Quadratmeter großen Boden. Der Kakao braucht es kühl, dunkel und vor allem trocken. Herr Versemann, ehemals Quartiersmann und nach 48 Jahren heute im verdienten Ruhestand, hat erklärt, warum die Fenster staubig bleiben müssen: „Wenn man die Fenster putzt, sieht es so aus, als wenn die Firma nicht genug zu tun hat. Wer putzen lässt, kommt schnell in den Ruf, zu viel Geld zu verdienen".

An allen Stapeln hängen die Karten, auf denen gewissenhaft vermerkt ist, um welches Lot es sich handelt. Die Sackstapel repräsentieren den Gegenwert der Papiere, die im Warentermingeschäft an der Londoner Kakaobörse gehandelt werden.

Zwischen den Stapeln muss genug Platz bleiben, um den Taxameter durchzuschieben, die dreirädrige Transportkarre für die Säcke, kurz Taxe genannt. Und auch die Kommission aus London braucht diese Gänge, um bei ihren regelmäßigen Besuchen die gleichbleibende Qualität der Börsenkakaos zu prüfen. Auch sie benutzen das typische Werkzeug der Quartiersleute, den Probenstecker oder Probenstecher – ein nach oben hin abgeschrägtes Rohr, das mit der Spitze in den prall gefüllten Kakaosack gedrückt wird. Der Probenstecker wird zusammen mit den Kakaobohnen wieder herausgezogen und der Inhalt mit den anderen Proben gesammelt. Die „Stichprobe" weitet das grobe Sackgewebe nur, zum Abschluss drückt man mit dem Probenstecker die Fasern wieder zusammen. Im Normalfall müssen mindestens 30 Prozent einer Partie bemustert werden. Aus den Stichproben einer Partie werden Muster gezogen, die dem Durchschnitt der gesamten Ladung bei Ankunft entsprechen. Eines der Muster wird an den Kunden geschickt, eines nutzt der Quartiersmann zum Prüfen des Kakaos, erst danach kann er ein fundiertes Qualitätsurteil abgeben. Das wichtigste Muster ist das zwei Kilo schwere Säckchen, das zweifach verplombt als Arbitragemuster mindestens drei Monate im Musterzimmer der Firma aufbewahrt werden muss. Sollte es innerhalb dieses Zeitraums einen Streit zwischen Verkäufer und Käufer der Ware um die Qualität des Kakaos geben, kann die „Freundschaftliche Hamburger Arbitrage" einberufen werden, ein außergerichtliches Schiedsverfahren, bei dem mindestens drei Gutachter das versiegelte Muster beurteilen. Verkäufer und Käufer nehmen das Urteil an, denn „wer sich nicht an die Spielregeln hält, spielt nicht mehr mit".

Den alten Speicher will Uwe Harms noch halten, solange er sich das „Hobby" noch leisten kann.

Bild oben
Die Windenhaken sind heute noch straßenseitig zu sehen. Wasserseitig wurden die Winden abgebaut, um Wartungskosten zu sparen.

Bild Seite 54
Lagermeister Frank Martens mit Quartiersmannsschürze und Stroppen vor dem Taxameter. Mit der „Taxe" wurden die Säcke von der Luke in den Speicher gefahren. Gabelstapler können in den alten Speichern nicht eingesetzt werden.

Bild oben
Die frühere Berufsbezeichnung der heutigen Seegüterkontrolleure am ehemaligen Speicher der Firma Eichholtz & Cons., St. Annenufer 2.

Bild oben
Das Licht der Abendsonne läßt die Firmenschilder im Brook im Glanz erstrahlen.

Bild rechts
Noch liegen die prall gefüllten Kakaosäcke dicht gestapelt im alten Speicher bei Quast & Cons.

Bild Seite 57
Der Lagermeister Frank Martens im Probenzimmer: hier werden die Muster einer Kakaolieferung mindestens drei Monate aufbewahrt.

Er spricht von seinem „Museum" und meint damit die musealen Arbeitsbedingungen. Im Speicher braucht er zehn Mann, um 75 Tonnen Kakao einzulagern, 7,5 Tonnen pro Mann und Schicht – lohnenswert zu einer Zeit, als man 20,- Euro pro Tonne bekam. Heute liegt der Preis bei 7,50 Euro pro Tonne, dafür schaffen aber sechs Arbeiter in einem Flachhallenlager 200 Tonnen Sackware pro Arbeitstag.

Der moderne Betrieb der Firma Quast & Consorten befindet sich im Freihafen auf der anderen Seite der Elbe. In Flachhallen werden die Kakaosäcke auf Paletten gelagert. Zwei Mann, die den Container entladen, und einer, der die Paletten mit dem Gabelstapler fährt – das ist heute wirtschaftlich.

Da der Schwiegersohn bereits Mitinhaber ist, wird die Quartiersmannsfirma auch in vierter Generation in Familienhänden bleiben. Den Beruf des Quartiersmanns gibt es allerdings nicht mehr. Seit 1976 hat man verschiedene Berufsbilder aus dem Hafen zu einem Beruf zusammengefasst. Heute wird man nach einer erfolgreichen dreijährigen Lehrzeit zum „Seegüterkontrolleur". Den „Verein Hamburgischer Quartiersleute von 1886 e.V." gibt es noch immer, er gehört der Arbeitgeber- und Interessengemeinschaft „Unternehmensverband Hafen Hamburg e.V." an.

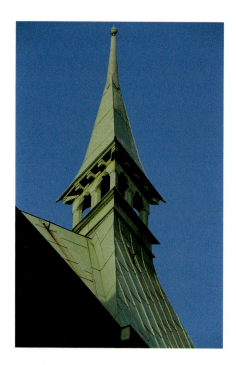

Bild oben
Der „Glockenturm" im Kontorhaus am Sandtorkai-Hof.

Bild vorherige Doppelseite
Musterdosen mit Kaffee aus der früher so bedeutsamen Warenterminbörse der Speicherstadt. Bis zum Ersten Weltkrieg war hier die drittwichtigste Kaffeebörse der Welt.

Im Herzen des Kaffeehandels

Vom Container in die Tasse

Die Speicherstadt wird immer wieder in ihrer Bedeutung als Warenlager hervorgehoben. Von Beginn an ist sie jedoch auch als Handelsplatz konzipiert worden für eine Ware, die bis heute nach Geschmack eingekauft wird – Kaffee. Alle Blöcke sind nach den Buchstaben des Alphabets benannt worden. Aber angefangen hat alles mit dem Bau von Block O und N für den Kaffeehandel. Kaffee war bereits bei der Planung der Speicherstadt als so wichtig erachtet worden, dass man der Forderung nach zusammenhängenden Kaffeespeichern mit bequemer Verbindung zu den Kontoren nachgekommen ist – eine Forderung der nahezu 200 betroffenen Firmen, die sich im Jahre 1886 zu einer Interessengruppe zusammengeschlossen hatten, dem „Verein der am Caffeehandel betheiligten Firmen zu Hamburg". Der Verein ist immer noch in der Speicherstadt ansässig und wird von den Kennern der Materie wegen seiner Schreibweise kurz „der th-Verein" genannt. Bis heute heißt es: „Hier kann jeder jeden im Kaffeehandel trockenen Fußes erreichen".

Im Block O wurde 1887 auch die Deutsche Kaffeebörse eingerichtet, bis zum Ersten Weltkrieg galt sie als drittwichtigste der Welt. Im Zweiten Weltkrieg durch die Bombardierungen völlig zerstört, ist sie zwischen dem Brooksfleet und der Straße „Pickhuben" nach einem Entwurf von Schramm & Elingius und Kallmorgen neu gebaut worden und hebt sich wie ein Fremdkörper von den traditionellen Speicherbauten ab. Im Innern findet man immer noch die alte Börseneinrichtung, mit grünem Leder bezogene Sitze und die Tafel für die Notierung. Mittlerweile wird dieser Raum für Versammlungen und Veranstaltungen genutzt.

Nach wie vor wird Kaffee an der Warenterminbörse gehandelt, oder der Handel wird über Warentermingeschäfte abgesichert – die hochwertigeren Arabica-Kaffees in New York, ehemals im zerstörten World Trade Center, die preiswerteren Robusta-Kaffees an der Londoner Börse.

Die begehrten Bohnen sind heute das zweitwichtigste Welthandelsprodukt nach Erdöl; in der Speicherstadt liegt der wichtigste Kaffeehandelsplatz Deutschlands. „Am Sandtorkai" handelt die Neumann-Gruppe circa 14 Prozent des Kaffees auf der Welt. Zu diesem Unternehmen gehört auch die Kaffeelagerei. Die modernste Lagerung ist nicht die in den großen Flachhallen, wo die Kaffeesäcke auf Paletten mit dem Gabelstapler transportiert werden können. Ein erheblicher Teil der Bohnen kommt heute lose im Container. Dieses Schüttgut wird dann vor den Türmen der Kaffeesilos abgekippt und, nach Provenienzen getrennt, in verschiedenen Zellen gelagert. Von den Schiffsdokumenten über die Lagerung bis zur Auslieferung an die Röster bietet die Neumann-Gruppe ihren Kunden die gesamte Servicepalette.

Bild links
Je nach Stand der Sonne reflektieren die lasierten Ziegel und setzen Glanzlichter auf das Kontorhaus Sandtorkai-Hof. Bis heute handeln hier Kaffeemakler und -agenten mit dem zweitwichtigsten Welthandelsprodukt.

Bild oben und unten
Der Innenhof des Sandtorkai-Hofs bietet verschiedene Blickrichtungen, auf den Kannengießerort oder auf die verputzten Fassaden des Innenhofes.

Dazu gehören auch alle Bearbeitungsschritte wie Bemustern, Reinigen, Wiegen, Sortieren nach Bohnengröße, Verlesen nach Fehlern, Dämpfen und das Mischen verschiedener Sorten.

Die traditionelle Kaffee-Lagerung in einem historischen Speicher findet z. B. noch bei der Quartiersmannsfirma Adolf Tiede & Söhne statt, die Kaffeespezialitäten einlagert. Andere Lagerhalter sind inzwischen auf die andere Elbseite des Freihafens gezogen und arbeiten dort mit Gabelstaplern in Flachhallenlagern. Kaffee wird in seiner wirtschaftlichen Bedeutung und in seiner geschmacklichen Vielfalt immer noch unterschätzt. In achtzig Ländern der Welt wird er angebaut und von immerhin über fünfzig Ländern exportiert. Daher ist eine der wichtigsten Tätigkeiten der Händler die Beurteilung der Kaffees nach ihrem Geschmack. In den Probenzimmern treffen Muster aus aller Welt ein: Verkaufsmuster, Muster vor der Verschiffung und Proben der eingetroffenen Kaffees. Diese Kaffees werden in kleinen Probenröstern geröstet, nach der Mahlung aufgebrüht und unter lautem Schlürfen von einem Probierlöffel verkostet. Die Tassenproben sind nötig, um sicherzustellen, dass die Kunden gleichbleibende Qualitäten erhalten. Kaffee wird von den Experten gern in seiner Vielfalt mit Wein verglichen. Ein Kaffee-Verkoster muss am Tag bis zu 200 Tassen probieren können.

Kaffeeagenten und -makler

Kaffeeagenten treten als Vermittler zwischen überseeischen Exporteuren und europäischen Importeuren auf, während die Makler Geschäfte unter den Importeuren vermitteln. Von den ehemals 120 Kaffeeimporteuren sind heute noch 11 Rohkaffee-Importeure und 20 Kaffee-Agenten als Mitglieder im Deutschen Kaffee-Verband aufgeführt. Der 1969 gegründete „Deutsche Kaffee-Verband e.V." hat seinen Sitz im Kontorhaus Sandtorkaihof in der Straße Pickhuben und repräsentiert mit 95 Mitgliedsfirmen das gesamte Spektrum der Branche.

Otto Heinrich Steinmeier ist Rohkaffeeagent und -makler. Er wurde 1929 als Sohn eines selbstständigen Getreidemaklers in Hamburg geboren. 1936 betrat er erstmals, an der Hand seines Vaters, über die Kornhausbrücke die nahe gelegene Speicherstadt. Bis heute ist dies sein täglicher Arbeitsweg, um das Kontor der 1907 gegründeten Firma J. G. Paul Böckmann im „Sandthorquai-Hof" zu erreichen. Seit 1980 ist er Alleininhaber der Firma und ein „Urgestein" im Kaffeehandel. Einen Vorzug der Speicherstadt sieht er darin, „dass hier der liebe Herrgott darüber entscheidet, wann der letzte Arbeitstag ist".

Bild oben
Otto Heinrich Steinmeier in seinem Kontor vor dem Ölgemälde der Viermastbark „Urania" von Johs. Holst.

Bild oben
Der blau-grüne Rohkaffee erinnert an Erdnüsse. Erst mit der Röstung entstehen über eintausend Aromen, von denen die Hälfte noch nicht bekannt ist.

Bild oben
Der Sandtorkai-Hof ist immer noch ein Kontorhaus für Kaffeehandelsfirmen. Die Straßenbezeichnungen Am Sandtorkai, Pickhuben und Brook gelten in der Kaffeewelt immer noch als Empfehlung.

Die Firma J. G. Paul Böckmann ist auf afrikanische Kaffees aus Kenia und Tansania spezialisiert, handelt aber auch nahezu alle Kaffees aus Bolivien, dem kleinsten südamerikanischen Produktionsland.

Viele Kaffees werden nach den Beschreibungen der Exporteure gekauft. Zum Beispiel ein „Washed Tanzania A/B- fair average quality- clean cup- even roast-sound quality- Crop 2002." In diesem Fall handelt es sich um gewaschene Arabica-Bohnen aus Tansania mit der Bohnengröße A/B von guter Durchschnittsqualität, die eine saubere Tasse und gleichmäßige Röstung gewährleistet, eine gesunde Qualität aus der Ernte des Jahres 2002. Ob nach Beschreibung oder nach Verkaufsmuster gekauft wird, in jedem Fall muss die Qualität genauestens überprüft werden. In der Beurteilung der Muster und im Wissen um den Bedarf der Kunden zeigt sich die langjährige und umfassende Erfahrung der Kaffee-Experten. Insbesondere gilt es, mögliche Fehler zu entdecken. Ob „Stinker", die bei einer Überfermentation der Bohnen entstehen und bereits in geringer Zahl den Kaffeegenuss verderben, oder „Springerbohnen" die bei abrupter maschineller Trocknung auftreten können – Kaffee ist ein Naturprodukt und in jeder Ernte, bei der Bearbeitung oder auf den langen Transportwegen können Fehler auftreten.

Otto Heinrich Steinmeier schätzt die Speicherstadt wegen der „persönlichen, familiären Vertrauensatmosphäre", die im Kaffeehandel herrscht. „Es gibt keine Konkurrenz – nur Kollegen". Beispielhaft dafür ist die Geschichte um seine Schreibmaschine, eine Adler, Baujahr 1949, die seither ununterbrochen in Gebrauch war, bis eines Tages der Kipphebel brach. In der Reparaturwerkstatt war zu erfahren, dass für das Ersatzteil eine zweite Maschine beschafft werden müsste. Herr Steinmeier klagte sein Leid im Kreise der Kollegen: „Kaum hat man etwas fünfzig Jahre in Gebrauch – schon geht es kaputt". Die Kollegen verstanden und überprüften ihre Bestände. Heute verfügt Herr Steinmeier über sechs Adler-Schreibmaschinen, eine ist ständig in Gebrauch, eine wurde an einen Kollegen verliehen, dessen Textverarbeitungssystem Probleme verursachte. Die anderen werden für eventuelle Reparaturarbeiten vorrätig gehalten. Das ist nur ein Beispiel für das Traditionsbewusstsein, die Kollegialität und die Weitsicht, die den Handel in der Speicherstadt geprägt haben.

Bild rechts
Das Glasbild im Inneren der „neuen" Kaffeebörse am Pickhuben zeigt Kaffeepflücker bei der Arbeit.

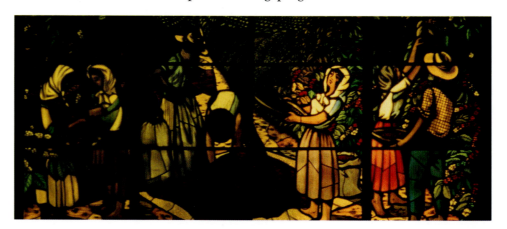

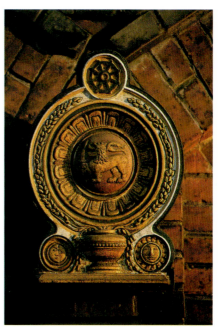

Bild oben
Das Zeichen des Honorarkonsulats von Sri Lanka, ehemals Ceylon, bei der bedeutenden Teehandelsfirma Hällsen & Lyon im Brook.

Bild links
Die steinernen Abbilder der Lastenträger im Brook werden auch wenn die Speicherstadt neu genutzt wird an die früheren Arbeitsbedingungen erinnern.

Schönheiten aus 1001 Nacht

Orientteppiche aus Hamburg

Bild oben
Kostbarkeiten, die mit Füßen getreten werden.

Bild vorherige Doppelseite
Lassen Sie sich vom goldenen Schein verzaubern und entdecken Sie die Schönheit der Speicherstadt.

Die Hamburger Speicherstadt ist das größte Orientteppichlager der Welt; bis zu 60 Prozent der Lagerflächen sind an Teppichhändler vermietet. Wenn auch die Orientteppiche beim Bau der Speicherstadt noch nicht berücksichtigt worden waren, sie erfüllen alle Bedingungen, um hier gelagert zu werden. Ein Orientteppich ist immer ein handgearbeitetes, wertvolles Original, das häufig lange Zeit liegen muss, bis sich ein Käufer findet. Die klimatischen Bedingungen für diese teuren Stücke aus Wolle oder Seide sind in den alten Speichern ideal – kühl und dunkel bei konstanter Luftfeuchtigkeit. Häufig nennt man sie Perserteppiche, denn der Iran gilt als klassisches Herkunftsland des Orientteppichs, aber inzwischen werden sie in vielen Ländern geknüpft. Die wichtigsten Importländer für Deutschland sind – nach dem Iran und Indien – Nepal, China, Pakistan, Türkei, Marokko und Afghanistan. Diese Kostbarkeiten werden vor dem Kauf „aufgeblättert", das heißt, sie werden nach vorheriger Besichtigung eingekauft. Der Flug nach Hamburg ist für die Großhändler aus Südafrika oder Mittelamerika wirtschaftlicher als eine Reise in die Herkunftsländer. In der Speicherstadt finden sie Teppiche aller Provenienzen, die englische Sprache reicht aus und sie müssen keine politischen oder kriegerischen Auseinandersetzungen befürchten. Ein weiterer Vorteil besteht darin, dass für die im Freihafen Hamburg eingekauften Waren keine Zölle und Steuern entrichtet werden müssen, wenn die Teppiche von Hamburg aus in andere Länder exportiert werden.

Moderner Orientteppichhandel

Der Sitz der Orientteppich-Firma Feizy befindet sich am Brooktorkai. Geschäftsführer sind der aus Pakistan stammende A. K. Bin Habib und sein Partner Jalil Safavi aus dem Iran. Der 1929 in Indien geborene Habib wurde 1947 als Moslem nach Pakistan vertrieben und war zunächst als Kaufmann in London tätig. In London stellte er fest, dass alle pakistanischen Teppiche über England nach Hamburg gelangten. Er nahm 1969 seine Chance wahr, um diese Lücke zu füllen, und war damit der erste Direktimporteur pakistanischer Ware am wichtigsten Handelsplatz von Orientteppichen, in der Speicherstadt. Sechzig bis siebzig Prozent seiner Kunden kommen aus dem Ausland, hauptsächlich aus Nord- und Südamerika, Singapur und Australien. Diese Großhändler beziehen ihre Teppiche ballen- und containerweise aus dem Freihafen, ohne dafür in Deutschland Zölle und Steuern zahlen zu müssen.

Nach langjähriger erfolgreicher Geschäftstätigkeit und in einem Alter, in dem andere an den Ruhestand denken, beschreitet A. K. Bin Habib einen nahezu revolutionär neuen Weg im Orientteppichhandel.

Bild links
Im Sonnenglanz vermitteln die Fassaden der Speicher von Block V einen Eindruck vom Reichtum der Teppichschätze im Inneren.

2001 wurde er, zusammen mit seinem Partner Jalil Safavi, Geschäftsführer der neu gegründeten Firma Feizy, die Teppiche nach Kundenwünschen anfertigt. Allem voran stehen die Ergebnisse einer amerikanischen Firma, die Trendforschungen betreibt, um Farb- und Designwünsche der Zielgruppen zu ermitteln. In Holland zum Beispiel waren Rottöne besonders begehrt, die heute nur noch zu zehn Prozent gewünscht werden. Dagegen zieht man in Bayern die Farbe blau vor. Auf Grundlage der Trendermittlungen entstehen verschiedenste Kollektionen wie zum Beispiel die „Princeton Collection". Die Muster dieser Kollektionen werden geschützt, um Kopien zu verhindern. Auf Wunsch können die Kunden nach den Musterbüchern der Firma die gewählten Teppiche bestellen; diese werden dann in firmeneigenen Manufakturen in Indien oder Pakistan angefertigt.
Zum Geschäftsgebaren der meisten Kunden gehört jedoch immer noch der Besuch der Speicherstadt und die Auswahl im Teppichlager vor Ort, das im Falle der Firma Feizy besonders beeindruckt. Völlig neu gestaltet, erwarten den Besucher nicht etwa etliche Teppichstapel, die gewendet werden müssen – alle Teppiche einer Kollektion werden bei guter Beleuchtung in Gänze präsentiert. Auf insgesamt 800 Quadratmetern sind die Ausstellungsgegenstände mittels Stangen an der Decke befestigt und können Stück für Stück „durchblättert" werden. Alle Teppiche können jederzeit in voller Länge betrachtet werden.
Auch an die zukünftige Entwicklung der Firma Feizy ist gedacht; eine der Töchter von A. K. Bin Habib arbeitet, seit Ende des Studium der Betriebswirtschaft, bereits in der Firma; die zweite Tochter ist erfolgreich als Designerin tätig.

Bild rechts
Wertvolle Materialien in unendlichen Formen. Ob grafisch oder floral, der Vielfalt der Muster sind keine Grenzen gesetzt.

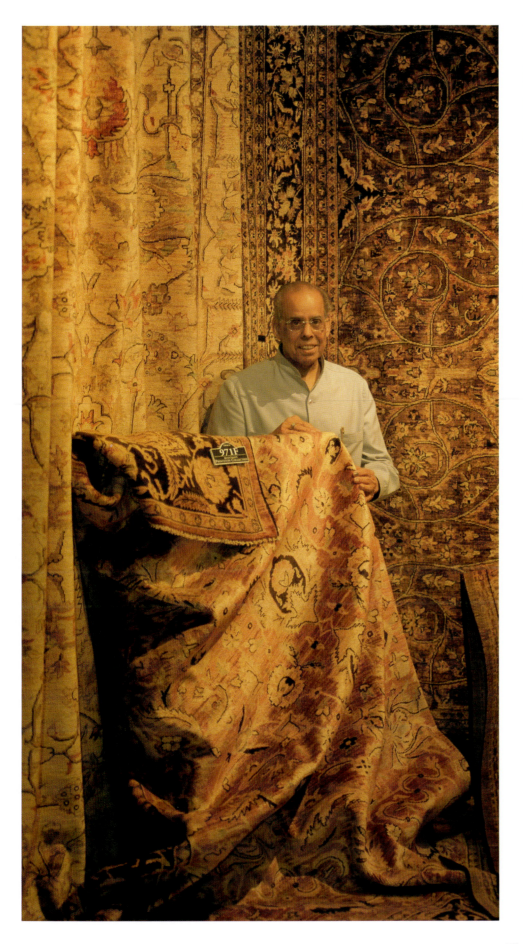

Bild oben
Die altertümlichen hölzernen Sackkarren finden in den Speichern auch heute noch Verwendung. In Kunststoff-Folien gewickelt, werden die Kostbarkeiten vor dem Transport vor Staub und Schmutz geschützt.

Bild links
Voller Stolz präsentiert Herr Habib das neue Lager der Firma Feizy, die gezeigten Teppiche gehören zur „Princeton Collection".

Neues in alten Speichern

HafenCity und Zukunft der Speicherstadt

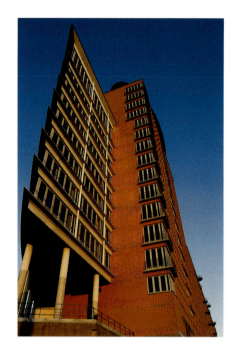

Bild oben
Die markante Neubebauung des Sandtorhöfts, die Spitze des Hanseatic Trade Centers.

Bild Seite 75
Moderne Büroarchitektur im Abendlicht am Sandtorkai, an der Grenze zur historischen Speicherstadt.

Bild vorherige Doppelseite
Der Sandtorhafen zwischen Kaispeicher A und dem Hanseatic Trade Center. Auf der linken Seite liegen die Planungsflächen für die HafenCity.

Im Jahre 1988 kam es zu Überlegungen einiger Politiker, die stadteigene Speicherstadt an private Investoren zu verkaufen, um den städtischen Haushalt zu sanieren. In einer Zeit, als noch etliche Quartiersfirmen in den alten Speichern Waren lagerten und bearbeiteten, führte die öffentliche Diskussion dieses Vorhabens zu erheblichen Widerständen bei den Betroffenen. Man nahm davon Abstand, aber bis heute finden sich an einigen Stellen noch Aufkleber mit der Aufforderung: „Kein Verkauf der Speicherstadt". Eine Konsequenz aus den Auseinandersetzungen bestand darin, den Wert der Speicherstadt als Baudenkmal zu erkennen und diese 1991 unter Denkmalschutz zu stellen. Im nächsten Schritt wurde das Gelände der ehemaligen Kehrwiederinsel, auf dem vor den Kriegszerstörungen die Spitze der Speicherstadt stand, aus dem Freihafengebiet ausgegliedert, um es an Investoren verkaufen zu können. Der Bau des Hanseatic Trade Centers wurde 1991 begonnen und 2002 mit dem Glasturm beendet. Die fünf Bürohäuser haben eine Bruttogeschossfläche von rund 100 000 Quadratmetern.

Bis heute befindet sich in der Speicherstadt das größte Orientteppichlager der Welt und der wichtigste Kaffeehandelsplatz Deutschlands. Inzwischen hat sich jedoch ein Nutzungswandel vollzogen. Viele Lagerhalter haben sich auf der anderen Elbseite des Freihafens etabliert. Flachhallen mit Gabelstaplern und wenig Personal ersetzen Speicher und Winden. Stattdessen drängen verstärkt neue Firmen in die Speicherstadt: Unternehmen die kein hafennahes Gewerbe vertreten, sondern sich mit Telekommunikation, Public Relations oder Fernsehproduktionen beschäftigen.

Hinter dem den Mauern von Block P und dem Schriftzug „Overbeck & Cons. Gewürze" bei der Straße „Kannengießerort" werden zum Beispiel die „Pfefferkörner" gedreht. Studio Hamburg hat sich dort eingemietet und produziert die Folgen einer Kinderserie, in der es um Zoll, Schmuggler und andere Abenteurer geht. Die Speicherstadt ist immer noch ein Arbeitsort, aber die Veränderung hat ein IBM-Mitarbeiter treffend formuliert: „Wir haben auch mit Speichern zu tun, bei uns geht es nur viel schneller". Der Computerhersteller IBM betreibt in der Speicherstadt ein „Innovation-Center" für seine Kunden.

Voraussichtlich im Jahr 2003 wird auch die vor der Speicherstadt liegende Zollgrenze verlegt werden, vermutlich bis auf die Mitte der Elbe. Der Freihafen wird verkleinert, alte Zollämter werden abgerissen oder umgenutzt und ein neues Zollamt wird an der Veddel eingerichtet. Grund dafür ist die geplante HafenCity. Auf einer Fläche, die zwischen der Speicherstadt und der Elbe liegt und die vierzig Prozent der Innenstadt Hamburgs entspricht, sollen bis zum Jahre 2020 Wohnungen für 14.000 Menschen gebaut werden.

Die Stadt rechnet mit Investoren aus den Neuen Medien, die 20 000 Arbeitsplätze schaffen sollen.

Am Strandhafen ist das neue Kreuzfahrtterminal der Stadt Hamburg geplant. Mittlerweile ist Hamburg auch „Feuer und Flamme für Olympia 2012". Sportstätten und Wohnungen für die Olympioniken sollen in der HafenCity entstehen, wenn Hamburg den Zuschlag bekommt. Bisher haben der Softwareentwickler SAP und die Firma Poet, ebenfalls im Softwarebereich tätig, dort Bürogebäude errichtet. Für die in der Speicherstadt ansässigen Firmen bedeutet die Verlegung der Zollgrenze den Verlust von Zoll- und Steuerfreiheit; stattdessen können offene Zolllager eingerichtet werden, die Waren werden erfasst und die entsprechenden Abgaben im Vorwege entrichtet.

Bild rechts
Das Gesicht der Stadt hat sich verändert. Im Hintergrund die nächtliche Skyline des Hanseatic Trade Centers und im Vordergrund der City-Sportboothafen mit dem roten Feuerschiff LV 13, heute ein Restaurant.

Bild rechts
Ein Kreuzfahrtschiff am Grasbrook, noch ein Provisorium; im Rahmen der HafenCity soll der Anlegeplatz zu Hamburgs strahlendem Cruise Center umgestaltet werden.

Bild Seite 77
Kolle Rebbe zeigen, wie mit durchdachter Innenarchitektur in einer Verbindung von alten mit neuen Materialien ehemalige Speicher zu hellen und modernen mulimedialen Arbeitsplätzen werden.

Eine Werbeagentur setzt Zeichen

Bild oben
Stefan Kolle ist auch einer der kreativen Texter der Firma Kolle Rebbe.

Im Block W in der Straße Dienerreihe 2, in früheren Zeiten Wohnsitz der Ratsdiener Hamburgs, befindet sich heute die Abteilung der HHLA, die für die Vermietung der Speicher und Kontore zuständig ist. Auf dem zweiten, dritten, vierten und fünften Boden von Block W ist seit 1996 die Werbeagentur Kolle Rebbe ansässig.

Diese Agentur mit ca. 100 Mitarbeitern rangiert auf Platz fünf unter den inhabergeführten Kreativagenturen Deutschlands und wirbt unter anderem für die Paulaner Brauerei, die Zigarettenmarke Gauloises Blondes oder auch für die Frankfurter Rundschau.

Stefan Kolle, geschäftsführender Gesellschafter und kreativer Kopf der Firma, war auf der Suche nach einem geeigneten Firmensitz in der aufstrebenden Werbemetropole Hamburg. Anlässlich einer Kunstausstellung besuchte er Block W und war von der einzigartigen Atmosphäre des Speichers derart begeistert, dass er bei der HHLA als zukünftiger Mieter vorstellig wurde. Eine Werbeagentur in der Speicherstadt? Das widersprach damals zunächst der Maßgabe, ausschließlich hafennahes Gewerbe im Freihafen zuzulassen. Doch die Abwanderung traditioneller Quartiersmannsbetriebe in Flachhallen auf der anderen Elbseite ermöglichte Kolle Rebbe dann gegen anfängliche Widerstände die Anmietung.

Stefan Kolle hatte die Gestaltung der Räumlichkeiten betreffend ganz klare Vorstellungen. Gemeinsam mit dem Designer Peter Bremer galt es, die Besonderheiten des Speichers hervorzuheben. Entgegen anderen Vorstellungen wurden die Decken nicht abgehängt, die Büros nicht mit Trennwänden verstellt und die Holzfußböden nicht unter Teppichböden versteckt. Der Betonboden im zweiten Geschoss ist durch hundert Jahre alte Holzdielen aus einem Kirchenabbruch ersetzt worden, und vorhandene Dielen wurden unter erheblichem Aufwand restauriert. Die verschiedenen Arbeitsbereiche sind durch Glasflächen voneinander abgeteilt und vermitteln einen Eindruck von der Größe des ehemaligen Speichers. Bis hin zur Ausstattung der Konferenzräume mit passendem Mobiliar und Beleuchtung wurde Wert darauf gelegt, sich von anderen Werbeagenturen abzuheben. Kolle-Rebbe-Kunden schätzen den „soliden hanseatischen Charakter", den die Agentur mit Sitz in der Speicherstadt vermittelt. Zunächst sind die Kunden irritiert, wenn sie auf den zweiten oder dritten Boden gebeten werden, aber das entspricht der Tradition in der Speicherstadt und die möchte man von der Unternehmensseite soweit als möglich bewahren.

Inzwischen wird der „Kolle-Rebbe-Standard" von der HHLA auch gern anderen Mietinteressenten empfohlen und als Beispiel für einen gelungenen Umbau und den möglichen Nutzungswandel der alten Speicher vorgeführt.

Bild links
Die gereinigten und restaurierten Fassaden am Alten Wandrahm bieten überwiegend jungen Unternehmen aus dem Medienbereich eine besondere Arbeitsatmosphäre.

Bild unten
In den alten Speichern der Agentur Kolle Rebbe werden neue Speicherkapazitäten genutzt.

Bild oben
Das Speicherstadtmuseum bietet seinen Besuchern einen Einblick in die Arbeitsbedingungen der alten Speicher.

Bild rechts
Kaffee, Tee, Kautschuk und Tabak geben eine Vorstellung von der Vielfalt der Waren, die gelagert und bearbeitet wurden.

Bild vorherige Doppelseite
Rolf Becker in der Rolle des „Hamburger Jedermann" und Wolfgang Hartmann als „Tod".

Kultur auf allen Böden

Museen

Ein Schwerpunkt der Speicherstadt ist seit einigen Jahren ihre kulturelle Nutzung. Beispielhaft dafür steht das Speicherstadtmuseum, das erste Museum im Freihafen. In einem authentischen Speicher von 1896 zeigt das Speicherstadtmuseum typische Arbeitsgeräte und Warenproben aus den Lagerfirmen und Handelskontoren sowie Fotos und Pläne zur Baugeschichte der Speicherstadt.

Unter der Leitung des Museums der Arbeit in Barmbek entstand 1988 eine Ausstellung zur Geschichte der Speicherstadt und zur Arbeit der Quartiersleute. Die Präsentation fand auf dem zweiten und dritten Boden der Quartiersmannsfirma Eichholtz, St. Annenufer 2, statt.

Wegen fehlender finanzieller Mittel musste die erfolgreiche Ausstellung 1989 geschlossen werden. Mit Henning Rademacher fand sich 1995 jemand, der bereit war, das persönliche Risiko der Leitung des Speicherstadtmuseums ohne Fremdmittel zu übernehmen. Henning Rademacher wurde 1944 in der Wesermarsch geboren und wuchs in Hamburg auf. Der Großvater war Kapitän und es war auch der Berufswunsch des Enkels, „auf große Fahrt gehen". Mit 16 Jahren erfüllte sich sein Traum und er ging als Schiffsjunge in Brunsbüttel an Bord eines Küstenmotorschiffes; bereits bei Elbe 1 hatte ihn die Seekrankheit gepackt, aber nach drei Tagen war alles überstanden. Erst mit 18 Jahren durfte er „voll mitarbeiten", das hieß, nach bis dahin

Bild oben
Der Leiter des Speicherstadtmuseums, Henning Rademacher; im Hintergrund ein Modell des Stückgutfrachters „Itaite" des Lloyd Brasiliero.

80 Überstunden im Monat waren jetzt 150-160 Überstunden zu leisten. Ende 1971 erwarb Henning Rademacher das Patent zum Kapitän auf Großer Fahrt (AG) und fuhr danach weitere sechs Jahre als 2. Offizier zur See.

1977 begann der spätere Museumsleiter ein Volkswirtschaftsstudium. Zunächst Volontär des Museums der Arbeit, übernahm er 1995 die Leitung der Außenstelle Speicherstadtmuseum. Henning Rademacher sieht seine Tätigkeit als Leiter des Museums als den interessantesten und verantwortungsvollsten Teil seiner beruflichen Laufbahn. Er hält das Steuer fest in der Hand und sorgt dafür, dass „die Maschine läuft".

Auch im Jahr 2001 konnte das Speicherstadtmuseum zweistellige Zuwachsraten bei den Besuchern verzeichnen. Wichtigste Unterstützer des Museums sind neben der HHLA, die an erster Stelle zu nennen ist, die in und um die Speicherstadt ansässigen Firmen. Jedes Jahr wird eine neue Sonderausstellung erarbeitet und auf dem vierten Boden des Museums präsentiert. Das monatliche Veranstaltungsprogramm bietet sowohl Kaffeeverkostungen und Teedegustationen mit Experten aus der Speicherstadt als auch Kriminächte mit Autorenlesungen.

Bild oben
Im Spicy's laden diverse Gewürze zum Anfassen und Schnuppern ein.

Bild oben
Im deutschen Zollmuseum ist auch dem Wasserzoll eine eigene Abteilung gewidmet.

Bild rechts
Die Anlage des Miniatur Wunderlands Hamburg wird von 20 Computern gesteuert, um einen möglichst naturgetreuen Eindruck zu vermitteln.

SPICY'S GEWÜRZMUSEUM

Am Sandtorkai 32, auf dem zweiten Boden von Block L, befindet sich das einzige Gewürzmuseum der Welt, „Spicys" - ein Privat-Museum für alle, die immer schon mal wissen wollten, wo der Pfeffer wächst. Vom teuersten Gewürz der Welt, dem Safran, über die Königin der Gewürze, die Vanille, bis hin zur Muskatnuss ist an diesem Ort versammelt, was Gewürzquartiersleute früher in der Speicherstadt eingelagert und bearbeitet haben: ein Fest für die Nasen der zahlreichen Besucher, die bereits beim Zahlen des Eintrittsgeldes einen kleinen „Pfeffersack" erhalten; dieser Begriff ist übrigens auch als Synonym für einen reichen Hamburger Kaufmann gebräuchlich.

AFGHANISCHES MUSEUM

Im gleichen Block L, unter dem Gewürzmuseum, ist das Afghanische Kunst- und Kulturmuseum eingerichtet worden. Diese Privatsammlung zeigt in einem früheren Teppichlager Alltags- und Kunstgegenstände aus Afghanistan wie zum Beispiel eine Jurte oder das Modell des Minaretts von Djmaj.

DEUTSCHES ZOLLMUSEUM

Das Deutsche Zollmuseum in der Straße Alter Wandrahm 15a ist ein Museum des Bundes. Bis 1985 haben Zöllner in dem heutigen Museumsgebäude, damals eine Orientteppich-Abfertigungshalle, Knoten zählen müssen, um den Wert der Teppiche und damit auch die Höhe von Zoll und Steuern zu ermitteln. Seit 1992 wird auf zwei Stockwerken die Geschichte von Zoll und Schmuggel ausgestellt. Vom Artenschutz bis zum Zollkreuzer „Glückstadt" wird alles von Zöllnern präsentiert, die auch die Schmuggelgeschichten der Objekte kennen.

Ausstellungen

HafenCity InfoCenter

Im früheren Kesselhaus der Speicherstadt, Am Sandtorkai 30, ist heute das HafenCity InfoCenter untergebracht. Ein Architekturmodell zeigt die Stadt Hamburg und die geplanten Gebäude der HafenCity auf 8 x 4 Metern im Maßstab 1:500. Ob Stadtplaner, Investor oder Tourist – hier informiert die Gesellschaft für Hafen- und Standortentwicklung mbH (GHS) bei freiem Eintritt über eines der größten Bauprojekte Europas, die HafenCity.

Miniatur Wunderland Hamburg

Im Block D, Kehrwieder 2, liegt auf 1 600 Quadratmetern Ausstellungsfläche das Miniatur Wunderland, die größte digitale Modelleisenbahn der Welt.

Auf über sechs Kilometern Gleislänge fahren 450 Züge. In diesem Land hat der Tag nur fünfzehn Minuten, denn dann wird es Nacht und 10 000 Lampen lassen die Miniaturwelt im Lichtermeer erstrahlen: den Jahrmarkt mit der Achterbahn ebenso wie die Lagerfeuer auf dem Zeltplatz. Spektakulär sind die elektronisch gesteuerten Einsätze der Feuerwehrlöschzüge. Eine Ausstellung, in der die Besucher tausenderlei in mühevoller Handarbeit geschaffene Details entdecken können.

Hamburg Dungeon

Ebenfalls im Block D neben dem Miniatur Wunderland wird das Grauen inszeniert. Hamburg Dungeon ist eine Ausstellung, in der geköpft, gelitten und seziert wird. Störtebekers letzte Fahrt, der „Große Brand" oder die Cholera-Epedemie sind die Kulissen, vor denen die Besucher, unter Mitwirkung von Darstellern, gruselige Einblicke in die Hamburger Stadtgeschichte erhalten.

Dialog im Dunkeln

Am Ende der Speicherstadt in der Straße „Alter Wandrahm 4" gibt es garantiert nichts zu sehen. In einer Ausstellung von Blinden für Sehende werden Tast- und Geruchsinn geschult. In kleineren Gruppen gilt es, unter Führung von Blinden Bekanntes mit anderen Sinnen neu wahrzunehmen.

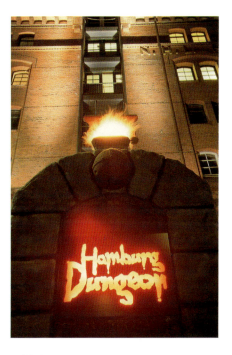

Bild oben
Im Dunkeln leuchtet der Eingang zum Hamburg Dungeon feurig.

Bild oben
Der Eingang zur Ausstellung des Dialog im Dunkeln am Ende der Speicherstadt.

Veranstaltungen

Der Hamburger Jedermann

Bild oben
Ein Teil des Ensembles des Hamburger Jedermann.

Zwischen den Fassaden der historischen Speicherstadt agiert seit 1994 alljährlich im Juli und August der „Hamburger Jedermann". Dann wird der Speicher von Block E zur nächtlichen Kulisse für das Spiel von Tod und Teufel um die Seele des Jedermann. Der Autor, Regisseur und Lichtgestalter Michael Batz hat diese alte englische Fabel auf die Hamburger Hafenstadt übertragen und ist das Wagnis eingegangen, die Speicherstadt und das Brooksfleet als Freilichttheater zu nutzen. Die einzigartige Atmosphäre und die schauspielerische Leistung der Darsteller ziehen jedes Jahr mehr Besucher an und haben die „ernste Komödie" zu einer Erfolgsgeschichte werden lassen.

Die Illumination

Bild oben
Michael Batz, Autor und Regisseur des Hamburger Jedermann und „Illuminator" der Speicherstadt.

Bis vor wenigen Jahren war die Speicherstadt vielen ausschließlich als Arbeitsort bekannt. Mit dem Einzug von Museen und Ausstellungen wuchs das Interesse an den architektonischen Besonderheiten dieses Baudenkmals. Mit einer Ausdehnung von 1,5 km Länge, vom Zollzaun umgeben und von bewaffneten Zöllnern bewacht, galt dieser Ort insbesondere bei Nacht als eher unzugänglich. Der Lichtkünstler Michael Batz hat 2001 sein Konzept von der Beleuchtung der Speicherstadt realisieren können. Seither lenken bei Einbruch der Dunkelheit mehr als 830 Leuchten die Blicke gezielt auf die baulichen Details der Speicherstadt; dabei ist nicht das Ausleuchten der Fläche, sondern „ein modellierender und malerischer Umgang mit dem Bauensemble" das Ziel gewesen. Inzwischen wird dieses einzigartige Lichtkonzept in anderen Städten diskutiert. Finanziell ermöglicht wurde das Projekt durch einen Verein, der „Licht Kunst Speicherstadt", dem Einzelpersonen und Firmen angehören mit Sitz und Vorsitz bei der HHLA.

Kaffeeverkostungen, Teedegustationen

All jenen, die hinter die Kulissen der Speicherstadt blicken möchten, die Experten aus dem Kaffeehandel oder Teeverkoster kennenlernen möchten, seien die Angebote der Firma KULTours empfohlen. Im Speicherstadtmuseum werden mit den entsprechenden Fachleuten Teedegustationen und Kaffeeverkostungen durchgeführt.
Eine Schmuggelfahrt mit einer Barkasse durch den Hamburger Hafen, im Winter als Punschfahrt, bietet die Gelegenheit, die Geschichte der Speicherstadt und Geschichten um Zoll und Schmuggel auf dem Wasser zu hören.

Bild links
Gespenstisches Licht, die Sonne dringt kaum durch den Nebel: am Alten Wandrahm bei der Kornhausbrücke die Türme vonBlock S.

Bild unten
Mondbeschienen wirken die Fassaden von Block Q märchenhaft mit den burgartigen Zinnen und den Türmen der Speicher.

Bild oben
Vollmond über den Zinnen des Kontorhauses Sandtorkai-Hof.

Bild rechts
Auf dem Sande, Ecke Brook, der Block E

Bild Seite 88 / 89
Blick über den Binnenhafen auf die illuminierte Speicherstadt, rechts der Kulturspeicher D mit den beleuchteten Windenhäuschen.

Bild Seite 90 / 91
Blick von der Jungfernbrücke über den Zollkanal auf den Sandtorkai Hof (links) und die Blöcke E und D.

Bild Seite 92 / 93
Das Deutsche Zollmuseum mit dem Zollkreuzer Glückstadt vor der Kornhausbrücke und dem links liegenden Neuen Wandrahm.

Literaturhinweise

Arbeitskreis Rohkaffeefreunde Sandthorquai (Hrsg.): Der Sandthorquai Geschichte und Geschichten von Ehrbaren Hanseatischen Kaufleuten, von Kaffee, Typen und Kontrakten..., Hamburg 1996

Denecke, Axel / Stolt, Peter / HHLA (Hrsg.): Das Kirchspiel St. Katharinen - Der Hafen, die Speicherstadt und die Kirche, Hamburg 2000

Emmerich, Walter: Der Freihafen, Hamburger Hafen- und Lagerhaus Aktiengesellschaft, Hamburg 1960

Hampel, Thomas / Lange, Ralf: Speicherstadt - Ein Viertel zwischen Tradition und Vision, Elbe & Flut, Hamburg 2002

Kludas, Arnold / Braun, Harry: Auf Hamburgs Wasserstraßen, Hamburg 1997

Lange, Ralf / Rademacher, Henning: Hafenführer Hamburg, Hamburg 1999

Maack, Karin: Die Speicherstadt im Hamburger Freihafen - Eine Stadt anstelle der Stadt, Arbeitshefte zur Denkmalpflege in Hamburg Nr. 7, Hamburg 1985

Rabe, Johs. E.: Von alten hamburgischen Speichern und ihren Leuten, 2. Aufl. Hamburg 1913

Verein Hamburgischer Quartiersleute von 1886 e.V.: 75 Jahre Verein hamburgischer Quartiersleute, Hamburg 1961

Danksagung

Wir möchten allen danken, die zum Entstehen dieses Buches beigetragen haben. Über die bereits im Buch genannten Personen hinaus gilt unser Dank auch Jochen Bölsche, Frank Eggert, Dr. Olaf Mager, Nick und Bodo Sedelies für die Unterstützung unserer Arbeit.

Die Autorin

Bärbel Dahms, 1960 in Hamburg geboren, hat zwei Kinder und arbeitet seit 1983 als freie Mitarbeiterin und Museumspädagogin für das Museum der Arbeit mit dem Schwerpunkt Grafisches Gewerbe. Die Recherchen in der Speicherstadt führten zur Erarbeitung eines Ausstellungsbereichs des 1988 eröffneten Speicherstadtmuseums. 1998 gründete sie mit Frank Thie, dem Layouter dieses Buchs, die Firma Kultours. Sie ist für die Öffentlichkeitsarbeit des Speicherstadtmuseums sowie für die inhaltliche Erarbeitung und Durchführung spezieller Veranstaltungen verantwortlich z. B. Schmuggelfahrten, Kaffeeverkostungen und Kriminächte.

Der Fotograf

Michael Zapf, Jahrgang 1965, fotografiert seit 1983 für Tageszeitungen und Zeitschriften. Neben den tagesaktuellen Geschehnissen in der Stadt, die er für das „Hamburger Abendblatt" festhält, arbeitet er besonders gern zu architektonischen Themen. Seit 1993 zahlreiche Buchveröffentlichungen. Im Medien-Verlag Schubert erschienen bisher: „Bergedorf im Wandel", „Stormarn – Geschichte, Land und Leute", „Hamburg – Weltstadt am Elbstrand", „Lüneburg – Alte Hansestadt mit Tradition", „Barmbek im Wandel", „Süderelbe – Region der Gegensätze", „Reinbek und der Sachsenwald", „Bergedorf – Lohbrügge – Vierlande – Marschlande".

Impressum

ISBN 3-929229-88-9

(c) Copyright 2002 by Medien-Verlag Schubert, Hamburg. Alle Rechte, auch des auszugsweisen Nachdrucks und der fotomechanischen Wiedergabe, vorbehalten.

Satz und Layout: Frank Thie, Schrift: Stempel Garamond, Druck: Grafisches Centrum Cuno, Lithografie: Miro, Printed in Germany

Unser Verlagsprogramm

Hamburg
Alster, die ein Alltagsmärchen
Alstertal im Wandel, das
Altona im Wandel
Altona von A-Z
Auswandererhafen Hamburg
Barmbek im Wandel
Barmbek von A-Z
Bergedorf im Wandel
Bergedorf, Lohbrügge, Vierlande, Marschlande
Brennpunkt Hamburg Feuerwehr-Video
Eimsbüttel im Wandel
Eimsbüttel von A-Z
Eine Stadt überlebt ihr Ende Feuersturm in Hamburg 1943 (Video)
Elbvororte, die
Elbvororte im Wandel, die (zwei Bände)
Eppendorf im Wandel
Eppendorf von A-Z
Feuerwehr-Buch Hamburg, das Große
Finkenwerder im Wandel
Geschichte der Hamburger Wasserversorgung
Große Polizei-Buch Hamburg, das
Hamburgs schönste Seiten
Hamburger Dom Das Volksfest des Nordens im Wandel
Hamburgs Fleete im Wandel
Hamburgs Kirchen, Wenn Steine predigen
Hamburgs Speicherstadt
Hamburgs Straßennamen erzählen Geschichte
Harburg von 1970 bis heute
Harburg von A-Z
Harvestehude, Rotherbaum im Wandel
Langenhorn im Wandel
Neue Hamburg, das
Niendorf, Lokstedt, Schnelsen im Wandel
Polizei im Einsatz (Video)
Rothenburgsort, Veddel im Wandel
Schmidt, Johannes In Alt-Stormarn und Hamburg
Schumacher, Fritz Mein Hamburg
Süderelbe Region der Gegensätze
St. Pauli im Wandel
Winterhude im Wandel
Winterhude von A-Z

Schleswig-Holstein
Ahrensburg im Wandel
Bad Oldesloe
Bad Segeberg im Wandel
Eckernförde Portrait einer Ostseestadt

Fontane in Schleswig-Holstein und Hamburg
Itzehoe im Wandel
Norderstedt Junge Stadt im Wandel
Pinneberg im Wandel
Reinbek und der Sachsenwald
Sagenhaftes Sylt
Stormarn Geschichte, Land und Leute ein Porträt
Sylt Inselgeschichten
Sylt im Wandel Menschen, Strand und mehr
Zwischen den Fahnen (histor. Roman)

Niedersachsen
Braunschweig Löwenstadt zwischen Harz und Heide
Buxtehude, Altes Land
Cuxhaven Stadt am Tor zur Welt
Göttingen
Göttingen alte Universitätsstadt
Hadeln, Wursten, Kehdingen
Stade, Altes Land Märchenstadt und Blütenmeer
Hannover Hauptstadt der Niedersachsen
Hannover im Wandel
Die List (Hannover) im Wandel
Lüneburg alte Hansestadt mit Tradition
Papenburg Fehnlandschaft an der Ems

Nordrhein-Westfalen
Aachen - Zwischen Augenblick u. Ewigkeit
Bergisch Gladbach, Schloss-Stadt an der Strunde
Bielefeld, Stadt am Teutoburger Wald
Krefeld, Seidenstadt am Niederrhein
Mönchengladbach, Grüne Großstadt am Niederrhein

Baden-Württemberg
Heilbronn, Stadt am Neckar
Ludwigsburg, Stadt der Schlösser und Gärten

Bayern
Boten aus Stein, Alte Kirchen im Werdenfelser Land, am Staffelsee, im Ammergau
Garmisch-Partenkirchen Herz des Werdenfelser Landes
Mittenwald Geigenbauort zwischen Karwendel und Wetterstein
Naturparadies Oberes Isartal
Rosenheim Tor zum Inntal

Saarland
Saarbrücken, Grüne Stadt zwischen Kohle und Stahl

Unser Programm im Internet: ## www.medien-verlag.de ##